广东省教育科研"十三五"规划2017年度研究教育科研重点项目
"促进幼儿教师专业发展的区域教研体系创新研究"科研成果

幼儿园
名师教学案例精选

黄俏甜　郑晓微 ＼ 主编

民主与建设出版社

·北京·

图书在版编目（CIP）数据

幼儿园名师教学案例精选 / 黄俏甜，郑晓微主编
. — 北京：民主与建设出版社，2020.8

　ISBN 978-7-5139-3129-8

　Ⅰ.①幼… Ⅱ.①黄…②郑… Ⅲ.①学前教育—教
案（教育）Ⅳ.①G613

　中国版本图书馆 CIP 数据核字（2020）第133545号

幼儿园名师教学案例精选
YOU'ERYUAN MINGSHI JIAOXUE ANLI JINGXUAN

主　　编	黄俏甜　郑晓微	
责任编辑	刘　芳	
封面设计	李　娜	
出版发行	民主与建设出版社有限责任公司	
电　　话	（010）59417747　59419778	
社　　址	北京市海淀区西三环中路 10 号望海楼 E 座 7 层	
邮　　编	100142	
印　　刷	北京政采印刷服务有限公司	
版　　次	2022年6月第1版	
印　　次	2022年6月第1次印刷	
开　　本	710 毫米 × 1000 毫米　　1/16	
印　　张	14.25	
字　　数	257千字	
书　　号	ISBN 978-7-5139-3129-8	
定　　价	48.00元	

注：如有印、装质量问题，请与出版社联系。

《幼儿园教育指导纲要（试行）》指出，幼儿园的教育内容是全面的、启蒙性的，可以相对划分为健康、语言、社会、科学、艺术等五个领域，各领域的内容相互渗透，从不同的角度促进幼儿情感、态度、能力、知识、技能等方面的发展。要实施五大领域的教育内容，活动是主要的载体。围绕一个中心话题展开的、通过多个有关联的活动组成的、各领域的内容相互渗透的、让幼儿获得整体的新经验的一系列活动，能从不同的角度促进幼儿情感、态度、能力、知识、技能等方面的发展。教育部发布的《3～6岁儿童学习与发展指南》也强调引导幼儿在活动中获得经验和体会，使孩子健康、安全地成长，愉快、积极地生活。

本书以五大领域分类，每个活动案例主要由活动来源、活动目标、活动准备、活动过程和活动评析组成。对活动来源的真实性、活动目标的可测性、活动准备的充分性、活动过程的完整性、活动评析的专业性等方面进行了详尽的阐述，帮助读者，尤其是新入职的幼儿教师厘清教学活动设计思路，应用灵活多变的教学方法，提高教学活动设计的严谨性和专业性，让幼儿在有效、高效的活动中收获经验、体验成长。

1. 活动来源要真实

活动来源是教学活动内容选择和生成的基础。它要求教师在不断观察与分析幼儿学习与发展的基础上，根据幼儿各阶段的教学任务，真实捕捉幼儿生活或教育发展中的学习契机，适时预设或生成学习内容，确保幼儿个性发展与教育目标的落实。活动来源要突出活动开展的真实性和必要性，活动内容要体现适宜性和前瞻性。

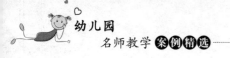
2. 活动目标要可测

活动目标是一个活动的灵魂，在活动设计中尤为重要。教师制定活动目标时需要根据班级幼儿的情况进行筛选，选择出符合该阶段幼儿年龄特点、认知水平和发展任务的目标。陈述目标时要尽量用可观察的行为来陈述，使教学目标具有操作性，还要反映儿童行为的变化，陈述儿童的学习结果，目标的陈述应在思考如何对教学效果进行科学测量与评价方面有所助益。

3. 活动准备要充分

活动准备是预设目标达成的保障。活动准备包括材料准备、经验准备和环境准备。材料准备是教育意图的载体，在幼儿的学习中往往起着桥梁和中介的作用，它使抽象的知识能具体、形象地呈现在幼儿面前，使他们能具体、直观地感知和体验；经验准备是教师在进行新的教学活动前必须先了解幼儿已有的经验，如幼儿掌握了哪些与本活动相关的知识，具备了哪些技能等；环境准备是教师可以根据教学内容、幼儿的年龄和生活经验，并借鉴一些常见的生活事件，去创设一个个生动而真实的、可亲身体验的、科学而有效的模拟生活的教育情境，让幼儿与情境中的人、事物、事件相互作用，从而建立起连接教学与生活的桥梁。活动准备越合理、充分，幼儿活动的效果就越好。

4. 活动过程要完整

活动过程是目标分解与达成的关键。丰富、多样、完整的活动过程可以激发幼儿的兴趣和求知欲，调动幼儿参与活动、体验成长的积极性，使预设目标很好地完成。活动过程主要分活动导入、活动开展和活动总结三部分。

（1）活动导入。紧扣主题、生动活泼、直观有趣的活动导入是活动成功的关键。活动的有效导入能够帮助幼儿从已有经验过渡到新活动中的新经验，体验成功的同时，产生新的好奇，助推活动顺利开展。

（2）活动开展。活动的展开要以目标为导向。目标的导向性能避免活动的盲目性。活动形式的多样性和幽默风趣的活动指导语能避免因活动时间过长等而产生的乏味感和枯燥感。循序渐进、环环相扣、突出重点、突破难点的活动程序省时高效，助达活动目标。

（3）活动总结。活动总结在于帮助幼儿梳理学习过程，积累学习经验。当活动目标的重点为能力认知，活动过程侧重幼儿操作时，教师就应该对幼儿的操作进行精准、简约的总结；如果活动目标的重点为体验，活动过程注重幼儿的感受，则活动结束后的总结就应该以幼儿分享体验和感受的形式进行。

5. 活动评析要专业

活动评析是编者作为幼教教研员的一种专业引领。它从五大领域所倡导的核心价值出发，以教师现场教学活动为载体，通过课后的自我反思、同伴互助、专业引领，评价教师的教学行为，探索教研生长点，找出教研问题点，确立教研新观念，引领教研新方向，形成开放、包容、共享的教研文化。

此书的五大领域活动案例，主要遴选于南海区学前教育青年教师教学基本功大赛获奖的案例，为了让新入职的幼儿教师能清晰理解活动设计的脉络和意图，编者赛后指导获奖教师对活动设计进行了规范化、结构性修改，并结合活动现场对每个活动进行了评析，提出了一些合理化的建议，使青年教师的教学实践与教研员的专业引领得到高度的融合，体现区域教研共生共长的教育智慧。

"以赛促研，以研成名"是南海区促进名教师专业成长的区域教研新尝试、新探索，实践证明这一尝试和探索也产生了新效果。鉴于编者水平有限，书中还有很多值得深入研究的地方，敬请专家同行批评指正。

黄俏甜

2019年3月于佛山南海

2012年，编者黄俏甜作为广东省唯一代表在
全国学前教育行政教研经验交流会上推广"南海经验"

目录
CONTENTS

第一章　健康教育

第二章 语言教育

第三章 社会教育

第四章　科学教育

第五章　艺术教育

第一章

健康教育

幼儿园健康教育是通过各类活动增强幼儿体质，培养幼儿健康生活态度和行为习惯的教育。幼儿教师应该把保护幼儿的生命安全和促进幼儿的健康放在头等重要的位置。身体健康和心理健康是密切相连的，要高度重视良好人际关系对促进幼儿健康成长的重要性。幼儿不是被保护者，教师要尊重幼儿不断增长的独立需要，在保育幼儿的同时也要帮助他们逐渐学会生活自理，增强自我保护能力。

本章从幼儿的学习与发展、学习与发展目标和教学案例精选三个部分进行阐述，以便教师从理念、目标、实操全方位了解健康教育的有效开展。

第一节　幼儿的学习与发展

《3～6岁儿童学习与发展指南》中指出，健康是指人在身体、心理和社会适应方面的良好状态。幼儿阶段是儿童身体发育和机能发展极为迅速的时期，也是形成安全感和乐观态度的重要阶段。发育良好的身体、愉快的情绪、强健的体质、协调的动作、良好的生活习惯和基本生活能力是幼儿身心健康的重要标志，也是其他领域学习与发展的基础。

为有效促进幼儿身心健康发展，成人应为幼儿提供合理、均衡的营养，保证充足的睡眠和适宜的锻炼，满足幼儿生长发育的需要；创设温馨的人际环境，让幼儿充分感受到亲情和关爱，形成积极、稳定的情绪和情感；帮助幼儿养成良好的生活与卫生习惯，提高自我保护能力，形成使其终身受益的生活习惯和文明生活方式。

幼儿身心发育尚未成熟，需要成人的精心呵护和照顾，但成人不宜过度保护和包办代替，以免剥夺幼儿自主学习的机会，使幼儿养成过于依赖的不良习惯，影响其主动性、独立性的发展。

第二节　学习与发展目标

一、身心状况

目标1：具有健康的体态。

3～4岁	4～5岁	5～6岁
（1）身高和体重适宜。参考标准： 男孩： 　身高：94.9～111.7厘米 　体重：12.7～21.2千克 女孩： 　身高：94.1～111.3厘米 　体重：12.3～21.5千克 （2）在提醒下能自然坐直、站直	（1）身高和体重适宜。参考标准： 男孩： 　身高：100.7～119.2厘米 　体重：14.1～24.2千克 女孩： 　身高：99.9～118.9厘米 　体重：13.7～24.9千克 （2）在提醒下能保持正确的站、坐和行走姿势	（1）身高和体重适宜。参考标准： 男孩： 　身高：106.1～125.8厘米 　体重：15.9～27.1千克 女孩： 　身高：104.9～125.4厘米 　体重：15.3～27.8千克 （2）经常保持正确的站、坐和行走姿势

目标2：情绪安定愉快。

3～4岁	4～5岁	5～6岁
（1）情绪比较稳定，很少因一点小事哭闹不止 （2）有比较强烈的情绪反应时，能在成人的安抚下逐渐平静下来	（1）经常保持愉快的情绪，不高兴时能较快缓解 （2）有比较强烈情绪反应时，能在成人提醒下逐渐平静下来 （3）愿意把自己的情绪告诉亲近的人，一起分享快乐或求得安慰	（1）经常保持愉快的情绪。知道引起自己某种情绪的原因，并努力缓解 （2）表达情绪的方式比较适度，不乱发脾气 （3）能随着活动的需要转换情绪和注意

目标3：具有一定的适应能力。

3～4岁	4～5岁	5～6岁
（1）能在较热或较冷的户外环境中活动 （2）换新环境时情绪能较快稳定，睡眠、饮食基本正常 （3）在帮助下能较快适应集体生活	（1）能在较热或较冷的户外环境中连续活动半小时左右 （2）换新环境时较少出现身体不适 （3）能较快适应人际环境中发生的变化。如换了新老师能较快适应	（1）能在较热或较冷的户外环境中连续活动半小时以上 （2）天气变化时较少感冒，能适应车、船等交通工具造成的轻微颠簸 （3）能较快融入新的人际关系环境。如换了新的幼儿园或班级能较快适应

二、动作发展

目标1：具有一定的平衡能力，动作协调、灵敏。

3～4岁	4～5岁	5～6岁
（1）能沿地面直线或在较窄的低矮物体上走一段距离 （2）能双脚灵活交替上下楼梯 （3）能身体平稳地双脚连续向前跳 （4）分散跑时能躲避他人的碰撞 （5）能双手向上抛球	（1）能在较窄的低矮物体上平稳地走一段距离 （2）能以匍匐、膝盖悬空等多种方式钻爬 （3）能助跑跨跳过一定距离，或助跑跨跳过一定高度的物体 （4）能与他人玩追逐、躲闪跑的游戏 （5）能连续自抛自接球	（1）能在斜坡、荡桥和有一定间隔的物体上较平稳地行走 （2）能以手脚并用的方式安全地爬攀登架、网等 （3）能连续跳绳 （4）能躲避他人滚过来的球或扔过来的沙包 （5）能连续拍球

目标2：具有一定的力量和耐力。

3～4岁	4～5岁	5～6岁
（1）能双手抓杠悬空吊起10秒左右 （2）能单手将沙包向前投掷2米左右 （3）能单脚连续向前跳2米左右 （4）能快跑15米左右 （5）能行走1000米左右（途中可适当停歇）	（1）能双手抓杠悬空吊起15秒左右 （2）能单手将沙包向前投掷4米左右 （3）能单脚连续向前跳5米左右 （4）能快跑20米左右 （5）能连续行走1500米左右（途中可适当停歇）	（1）能双手抓杠悬空吊起20秒左右 （2）能单手将沙包向前投掷5米左右 （3）能单脚连续向前跳8米左右 （4）能快跑25米左右 （5）能连续行走1500米以上（途中可适当停歇）

目标3：手的动作灵活协调。

3～4岁	4～5岁	5～6岁
（1）能用笔涂涂画画 （2）能熟练地用勺子吃饭 （3）能用剪刀沿直线剪，边线基本吻合	（1）能沿边线较直地画出简单图形，或能边线基本对齐地折纸 （2）会用筷子吃饭 （3）能沿轮廓线剪出由直线构成的简单图形，边线吻合	（1）能根据需要画出图形，线条基本平滑 （2）能熟练使用筷子 （3）能沿轮廓线剪出由曲线构成的简单图形，边线吻合且平滑 （4）能使用简单的劳动工具或用具

三、生活习惯与生活能力

目标1：具有良好的生活与卫生习惯。

3～4岁	4～5岁	5～6岁
（1）在提醒下，按时睡觉和起床，并能坚持午睡 （2）喜欢参加体育活动 （3）在引导下，不偏食、挑食。喜欢吃瓜果、蔬菜等新鲜食品 （4）愿意饮用白开水，不贪喝饮料 （5）不用脏手揉眼睛，连续看电视等不超过15分钟 （6）在提醒下，每天早晚刷牙、饭前便后洗手	（1）每天按时睡觉和起床，并能坚持午睡 （2）喜欢参加体育活动 （3）不偏食、挑食，不暴饮暴食。喜欢吃瓜果、蔬菜等新鲜食品 （4）常喝白开水，不贪喝饮料 （5）知道保护眼睛，不在光线过强或过暗的地方看书，连续看电视等不超过20分钟 （6）每天早晚刷牙、饭前便后洗手，方法基本正确	（1）养成每天按时睡觉和起床的习惯 （2）能主动参加体育活动 （3）吃东西时细嚼慢咽 （4）主动饮用白开水，不贪喝饮料 （5）主动保护眼睛。不在光线过强或过暗的地方看书，连续看电视等不超过30分钟 （6）每天早晚主动刷牙，饭前便后主动洗手，方法正确

目标2：具有基本的生活自理能力。

3～4岁	4～5岁	5～6岁
（1）在帮助下能穿脱衣服或鞋袜 （2）能将玩具和图书放回原处	（1）能自己穿脱衣服、鞋袜、扣纽扣 （2）能整理自己的物品	（1）能知道根据冷热增减衣服 （2）会自己系鞋带 （3）能按类别整理好自己的物品

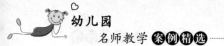

目标3：具备基本的安全知识和自我保护能力。

3～4岁	4～5岁	5～6岁
（1）不吃陌生人给的东西，不跟陌生人走 （2）在提醒下能注意安全，不做危险的事 （3）在公共场所走失时，能向警察或有关人员说出自己和家长的名字、电话号码等简单信息	（1）知道在公共场合不远离成人的视线单独活动 （2）认识常见的安全标志，能遵守安全规则 （3）运动时能主动躲避危险 （4）知道简单的求助方式	（1）未经大人允许不给陌生人开门 （2）能自觉遵守基本的安全规则和交通规则 （3）运动时能注意安全，不给他人造成危险 （4）知道一些基本的防灾知识

以上摘自《3～6岁儿童学习与发展指南》

2013年南海区幼儿教师参加《3～6岁儿童学习与发展指南》知识竞赛

第三节　教学案例精选

案例1　大班体育活动：小狮跳跳乐

西樵中心幼儿园　李燕开

【活动来源】

南海素有"龙狮源地，飞鸿故里"的美誉，狮艺文化在南海民间有着深厚的底蕴。南狮起源于南海并作为我国一项传统文化流传至今。团结奋进的龙狮精神更是催人上进的南海精神之一。

学龄前儿童基础动作发展研究表明：5～6岁的幼儿跳跃能力发展很快，跳跃的远度、高度和连续跳的持续时间明显增加。幼儿进行跳跃运动的基础是平衡，平衡也是幼儿进行各种活动所必需的一个重要因素。《广东省幼儿园教育指南（试行）》指出："用幼儿感兴趣的方式发展走、跑、跳、钻、爬、攀、投掷等基本动作以及动作的协调性、灵活性。"

为此，我抓住南狮乡土特色，把狮子跳桩与发展幼儿跳跃能力有机结合在一起。通过跳平桩、跳高桩，发展幼儿的双脚跳跃能力和平衡能力，并让幼儿体验跳跃活动带来的快乐。

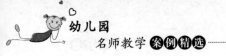

【活动目标】

（1）通过各种形式的跳桩活动，发展跳跃能力和平衡能力。

（2）培养自信、勇敢的意志品质。

【活动准备】

材料准备：平桩、高桩、音乐、安全软垫、蓝黄小狮子贴饰、青（泡棉小白菜）、笑脸大头佛1个。

【活动过程】

（一）热身运动，为学铺路

师生绕场跑步后，教师教幼儿做狮子操：以中间两位小狮子为基准，所有小狮子两臂侧平举，齐做狮子操。

（二）创设情境，练习跳跃

1. 玩平桩，激起兴趣

（1）自由探索，熟悉平桩。师：这是狮子表演时用的平桩，我们一起上去走一走，跳一跳，转一转。

（2）谐趣表演，示范跳桩。师：今天来了一位神秘嘉宾（大头佛）为大家表演，大头佛是怎样跳过平桩的？起跳和落地时膝盖是怎样的？

（3）分解动作，学习技巧。教师将大头佛跳桩的动作逐一分解，引导幼儿学习跳的动作。幼儿练习时，教师巡回指导，及时纠正。

小结：起跳和落地时，注意两腿屈膝，轻轻落地。

（4）游戏：追大头佛。规则：大头佛在前面跑，小狮子在后面追，当大头佛转身要抓小狮子时，小狮子要马上站在桩上。游戏时注意安全，不要推挤！

教师引导幼儿学习跳桩

2. 跳高桩，挑战难度

（1）自主选择，挑战高桩。展示高低不一的两组高桩，鼓励幼儿自主选择要挑战的高桩。鼓励幼儿大胆挑战，跳过高桩。

（2）树立榜样，巩固动作。个别幼儿尝试示范，教师抓住难点示范。

（3）游戏：狮子采青。调动幼儿积极性，鼓励幼儿安全、平稳地跳过高桩采青。规则：两组排在前面的两只小狮子同时出发，稳稳跳过高桩为赢，就能采到青。

小结： 今天你们勇敢地跳过了平桩、高桩。只要不怕困难，大胆挑战，相信你们一定会越来越勇敢。

（三）安全教育，放松离场

1. 安全教育

师：小朋友们都学到跳桩的本领了，但是跳桩有点危险，要有大人陪同，才能玩这样的游戏。

2. 放松运动

大头佛带师生一起做放松运动，离场。

【活动评析】

本活动根据大班幼儿的能力特点制定目标、选择内容，把幼儿的跳跃练习巧妙地融入南海龙狮文化的传承中。活动设计脉络清晰，动作练习由易到难，活动过程既考虑到不同幼儿的心理水平，又考虑到不同幼儿的能力水平。教师创设"大头佛跳桩采青"情境，不但较好地让幼儿领会了跳跃的动作要领，而且增加了活动的趣味性，培养了幼儿自信、勇敢的意志品质，让幼儿感受到了挑战成功的乐趣。建议增加适合大班健康教育的知识目标，思考为什么个别幼儿在跳高桩时出现"跨"而不是"跳"的现象。

（该活动案例获第五届南海区学前教育青年教师教学基本功大赛特等奖）

区域教研——教师教学反思现场

案例2 大班体育游戏：平衡大挑战

大沥雅思乐双语幼儿园 区玉娇

【活动来源】

在体育活动"小小平衡王"中，幼儿对平衡很感兴趣，活动结束后还在不停地尝试单脚站立。因此，我设计了体育游戏活动"平衡大挑战"。根据大班幼儿比较喜欢玩闯关游戏的特点，我鼓励幼儿运用多种方法尝试探索不同的平衡器材，发展幼儿的平衡能力。

【活动目标】

（1）主动探索平衡器材的不同玩法，发展平衡能力。
（2）体验在运动中克服困难、挑战自我的乐趣和获得成功的喜悦。

【活动准备】

（1）自制平衡台人手一个、梯子两把、平衡木三条。
（2）海绵垫若干、长凳子一张。
（3）音乐：《*Hahaha*》，《*Oh Susanna*》，《飞吧》。

【活动过程】

（一）闯关游戏，热身激趣

1. 热身运动：幼儿跟随教师在音乐的伴奏下做热身操

教师用富有激情的语言调动起幼儿的情绪：今天我们要进行闯关大挑战，你们敢接受挑战吗？在闯关前，让我们先来做做热身运动吧！

2. 闯关挑战

通过跑步、跨跳、走平衡木、双脚立定跳，进行脚部肌肉的训练，器械摆放如下图所示。

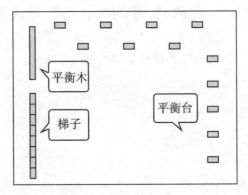

平衡大挑战：器械摆放

（二）探索玩法，发展平衡能力

1. 了解平衡台及闯关的要求

（1）教师引导幼儿观察平衡台放在地上会摇晃，并引导幼儿尝试在平衡台上保持身体的平衡。

（2）闯关要求：在平衡台上保持身体平衡并想出不同的玩法，可以用身体的各个部位去接触平衡台，但注意身体任何一个部位都不要碰到地面。

2. 尝试单人玩平衡台

（1）幼儿自由探索。教师巡视指导，激发幼儿大胆创新不同的玩法。提醒幼儿注意活动的空间与距离，以免互相碰撞。

（2）幼儿介绍自己与别人不同的玩法。教师引导幼儿在分享玩法时要讲明平衡的要点。

（3）幼儿尝试新玩法。

小结：我们可以用身体任何一个部位去接触平衡台，可以在平衡台上站着、跪着、坐着、趴着或躺着，只要能保持平衡、身体不碰到地面，我们就闯关成功了！

3. 多人合作玩平衡台

要求：幼儿可以几个人合作玩一个平衡台，也可以将几个平衡台组合在一起看看可以怎么玩。提醒幼儿注意活动的空间与距离，以免相互碰撞。

（1）幼儿自由组合（两人或多人）一起玩平衡台。

（2）幼儿展示新玩法。教师要提炼幼儿想出的好方法并给予积极的鼓励。

（3）幼儿尝试新玩法。

幼儿拿着老师自制的平衡台准备玩游戏

4. 尝试走不同排列形式的平衡台

平衡台组合难度不同，以照顾不同水平的幼儿。

（1）尝试走横向或纵向排列摆放且之间没有间距的平衡台，器械摆放如下图所示。

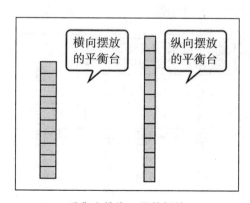

平衡大挑战：器械摆放

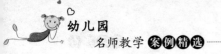

（2）尝试走横向或纵向交错排列摆放的平衡台，器械摆放如下图所示。

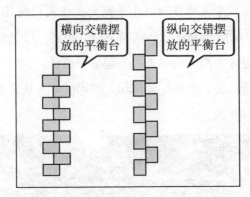

平衡大挑战：器械摆放

（3）教师引导幼儿找出走平衡台的诀窍：找到平衡台的中心点，两脚轮流大胆往前走。

小结：我们只要找到平衡台的中心点，双手打开保持身体的平衡，两脚轮流大胆踩在平衡台的中心点上一直往前走，那我们就闯关成功了！

（三）终极挑战，胆大心细保平衡

1. 用不同的平衡木和梯子拼成不同的平衡桥，引导幼儿挑战不同难度的平衡桥

（1）介绍不同难度的平衡桥，器械摆放如下图所示。

（2）幼儿尝试挑战不同难度的平衡桥。在活动中，教师要不断巡视指导，随时注意幼儿的活动情况，给幼儿适当的帮助；提醒幼儿注意安全，同伴间要互相鼓励，依次上桥，不要推挤。

（3）交流游戏感受，教师小结。

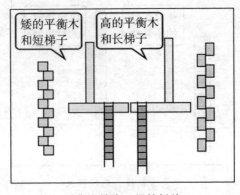

平衡大挑战：器械摆放

2. 终极大挑战，挑战更高难度的平衡桥

幼儿尝试挑战更高难度的平衡桥，器械摆放如下图所示。

幼儿过桥时，教师要注意提醒幼儿保持身体平衡，不要掉下桥。

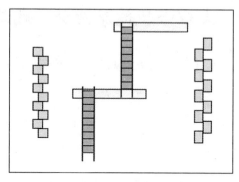

平衡大挑战：器械摆放

小结：今天，小朋友们都很勇敢地接受了不同的平衡大挑战。以后在玩这种具有难度的平衡器材时，也要像今天一样注意安全，保护好自己。

（四）放松活动

幼儿跟随教师在音乐的伴奏下做放松运动。

【活动评析】

这是一个由幼儿的兴趣引发，根据幼儿爱挑战的特点而生成的大班体育游戏活动。到了大班，幼儿已经掌握各种平衡动作，能变换手臂动作走平衡木，也能在有间隔的物体上走。此次活动，教师从鼓励幼儿探索自制体育器械平衡台的玩法出发，以闯关游戏为导引，通过用单一器材（平衡台）变换组合玩平衡和综合运用多种器材（平衡木、梯子等）变换组合玩平衡，不断鼓励幼儿尝试新玩法，挑战新难度，找出平衡的新要点。自始至终，幼儿闯关热情高涨，师幼互动积极有效，勇于尝试、敢于挑战、乐于合作、自信等品质伴随其中。这是一个设计严谨有序、器材新颖独特、运动密度较高的体育活动，幼儿的平衡能力在充满挑战的情境中实现了有效提升。建议教师在幼儿自主探索、挑战玩法时要保持耐心，同时思考：教师总是提醒幼儿注意活动的空间与距离，以免相互碰撞，为什么幼儿还是做不到？

（该活动案例获第五届南海区学前教育青年教师教学基本功大赛一等奖）

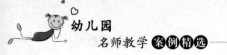
案例3　大班心理健康活动：我最闪亮

南海区机关幼儿园　张琬猁

【活动来源】

幼儿健康是身体健康和心理健康的有机统一。一位哲人曾经说过："谁拥有了自信，谁就成功了一半。"幼儿期是个性品质可塑性较强的时期，从小培养幼儿自信，对其一生都有重要的影响。对于即将步入小学的大班幼儿来说，能够正确地认识自我、评价自我和欣赏他人尤为重要，因此，我设计了心理健康教育活动"我最闪亮"，希望通过本次活动，使幼儿发现自己和同伴的优点，树立自信心，并发挥自己的优点去帮助别人，获得自豪感。

【活动目标】

（1）知道每个人身上都有优点，应尽量发挥自己的优点去帮助别人。

（2）能用简短的语言描述自己和同伴的优点，初步学会欣赏自己，欣赏他人。

（3）在活动中树立自信心和自豪感。

【活动准备】

（1）星形卡纸10份、表示优点的红星贴纸若干。

（2）音乐。

（3）海洋球一个、鼓一个。

（4）三级小楼梯。

【活动过程】

（一）游戏导入，引出优点

1. 游戏"开小船"，激发参与的兴趣

师：老师为你们准备了四艘小船，请你们每五个小朋友一组，两个人开船，三个人坐船，在八秒钟内把小船开到对岸，现在你们在组长的带领下商量好谁来坐船，谁来开船。

2. 幼儿分组开小船

幼儿分组尝试开小船，教师和幼儿一起总结第一次尝试的经验，引导幼儿发挥自己的优点，尝试寻找正确、积极的方法。

3. 比赛：看谁开得快

经过上一环节的尝试及思考后，教师引导幼儿发挥小组成员各自的优势，将小组思考的结果运用到"开小船"的游戏中，并组织幼儿以小组的形式开展"看谁开得快"的开小船比赛。

（二）心灵碰撞，发现优点

1. 讨论游戏情况，引出优点

（1）引导幼儿讨论：什么是优点？

（2）鼓励幼儿积极寻找自身的优点，并请个别幼儿向大家介绍自己的优点。

（3）体验游戏：找优点。

教师一边请幼儿示范游戏，一边讲解游戏规则：老师这里准备了大星星和一些代表优点的红星，我们现在轮流说优点，说一个优点就奖励一个红星到你的大星星上。

（4）看视频《伤心的幼儿》，并讨论：他为什么哭了？引导幼儿利用自己的优点去帮助他。

小结：你们不仅找到了自己的优点，还能用自己的优点去帮助别人。平时，你们也要用自己的优点去帮助身边更多的人，这样你们的优点才会更加闪亮！

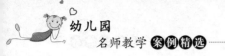

教师与幼儿一起讨论游戏情况，引出优点

2.寻找朋友的优点，并学习朋友的优点

（1）鼓励幼儿尝试寻找朋友的优点。

（2）体验游戏：击鼓传球。利用有趣的游戏鼓励幼儿从不同的角度去发现其他小伙伴身上的优点，学会欣赏他人。

小结：我们在平时的生活中，可以多去发现别人的优点，多去称赞别人，我们就会拥有更多的朋友，得到更多的快乐了。

（3）讨论：我们为什么要学习别人的优点？你想学习哪个好朋友的优点？

（4）体验游戏：闪亮宝贝大舞台。展示三级小台阶，邀请一名幼儿站到台阶前，请小朋友自由说说他/她的优点，小朋友说出一个优点，该幼儿就可以向上走一级台阶，走到第三级时，配班教师播放表扬的音乐《你真棒！》让幼儿在称赞声中感受自信和自豪。

小结：你们既找到了自己的优点，又发现了朋友的优点，还知道要学习别人的优点，你们一定会成为有最闪亮优点的人！

【活动评析】

到了大班下学期，幼儿已经能正确认识自己，能较客观地评价自我。在这期间开展这个主题的教育活动很有必要。活动中，教师能运用不同方法评价幼儿是值得肯定的，教师以游戏贯穿整个活动，综合运用竞赛、讨论、视频、体验等多种教育手段，引导幼儿发现自己的优点、从不同的角度去寻找同伴的优点、利用优点帮助有需要的人，是一次很好的心灵对话，促进了幼儿自我概念的形成，树立了幼儿的自信心与自豪感。建议教师尽量突出幼儿最闪亮的优点，合理分配各环节时间，增加活动的张弛度。

（该活动案例获第五届南海区学前教育青年教师教学基本功大赛一等奖）

第五届青年教师（健康领域）教学基本功大赛分享会留影

2017年，举办"游戏，点亮儿童生命"主题研讨会留影

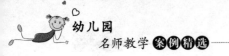
案例4 大班生命教育活动：生命中的悲伤

南海师范附属幼儿园 刘海鸥

【活动来源】

近段时间媒体上报道了青少年自杀的个案，小学生因为考试成绩不理想而从五楼跳下来。当这种漠视生命的事件充斥着我们的眼球时，身为工作在教育第一线的教师，我们为此而震惊。《幼儿园教育指导纲要（试行）》明确指出："幼儿园必须把保护幼儿的生命和促进幼儿的健康放在工作的首位。"如何引导3～6岁的幼儿从小认识生命、热爱生命、保持心理健康等生命教育成了我们不得不重视的课题。

心理学研究发现，幼儿第一次主动发问死亡问题一般是在4～5岁。5～9岁的儿童已经能够接受死亡的观念。但死亡教育在幼儿园一直都是一个很敏感的课题和活动。也许人们担心，一旦让幼儿面对死亡，他们更多的会是害怕。因此，我设计这个活动，希望让幼儿既能接受死亡的观念，又能深刻体会生命的可贵。

【活动目标】

（1）感知生命消失的现象，知道这是一种自然规律。

（2）体验生命的可贵，培养珍惜生命的态度。

（3）懂得珍惜生命，关爱自己和他人。

【教学重难点】

重点：懂得珍惜生命，关爱自己和他人。

难点：体验生命的可贵，激发积极的情感态度。

【活动准备】

（1）材料准备：绘本《我永远爱你》；欢乐、轻柔的音乐素材；多媒体电教平台；花若干、鸡蛋、眼罩。

（2）经验准备：发放调查表，与家长携手回顾生活中幼儿曾经经历过的死亡。

【活动过程】

1. 谈话导入，做好感情铺垫

提问：什么是你最爱的？谁是你最亲、最爱的人？

价值分析：了解幼儿已有经验，引出本次活动的灵魂文化，为下面的活动做铺垫。

2. 聆听故事，初步感知生死

（1）讲述绘本故事《我永远爱你》，引发幼儿思考，感知生命消失。

① 出示小男孩对小狗阿雅说"我永远爱你"时的图片，链接生活中的经验。

提问：为什么小男孩会对小狗阿雅说"我永远爱你"呢？

② 出示小狗阿雅去世时的图片，让幼儿初步感知生命消失，感受生死。

提问：第一，死是什么？

第二，小狗阿雅为什么会死？

第三，当你像小男孩一样失去自己的最爱时，你的心情是怎么样的？

（2）请幼儿选择一种方式来怀念小狗阿雅。（如通过鲜花、保留照片等表达怀念之情。）

（3）结合幼儿经验说说如何表现自己失去最爱的悲伤与怀念之情。

价值分析：用看看、说说的方式，引出本次活动的核心经验，让幼儿充分感知生命消失，诠释自己的情感。

3. 观看视频，感知生死是一种自然规律

播放关于植物开花、结果、凋谢的视频，让幼儿感知生与死是一种自然规律。

价值分析：用自然界的生命历程，让幼儿深刻体会生命的消失是自然现象。引出生命的来之不易和生命的可贵，为下面的活动做铺垫。

4. 体验游戏，感受生命的可贵

（1）将幼儿分成两组，一组幼儿戴上眼罩，一组幼儿牵着他们的手慢慢往前走，到达终点后交换角色继续体验。通过体验失去身体某一个不可缺少的部位——眼睛的感觉，感知生命的可贵。

（2）讨论：当你蒙住眼睛的时候，你感觉怎么样呢？当你和同伴手牵手走的时候，你又感觉如何呢？

价值分析：挖掘幼儿的生活经验，让幼儿体验失去重要东西的感受，加深幼儿对生命重要性的了解。让幼儿知道生命可贵，爱护爸爸妈妈给予的生命和懂得珍惜每一个有生命的东西。鼓励幼儿表达自己的想法，以巩固本次活动的核心经验。

幼儿在体验生命的可贵

5. 护蛋行动，关爱生命

（1）体验游戏"传鸡蛋"，感知生命不能重来，要关爱自己，珍惜生命。

（2）讨论：生命是来之不易的，那如何保护自己呢？

价值分析：梳理幼儿已有和现有的经验，让幼儿知道生命不能重来，要懂得关爱自己，珍惜生命。提升本次活动的核心经验，引导幼儿关爱生命。

6. 故事育人，释怀过去，珍惜当下

出示绘本故事的最后一张图片，引导幼儿释怀过去，关注现在，珍惜身边拥有的人，大胆表达爱。

价值分析：核心经验提升，让活动回归幼儿的生活，也为下一次的活动埋下伏笔。

7. 延伸活动

（1）区域活动：提供生命教育题材绘本如《一片树叶落下来》《獾的礼物》《天堂的问候》等，让幼儿轻轻读"死亡"。

（2）混班活动：组织混班游戏活动"狼吃小羊"，通过活动让幼儿学习自我保护，体验珍惜生命的重要性。

（3）家园互动：

① 与幼儿一起饲养小动物，直击生命，深刻体验生死是一件很自然、很正常的事。

② 清明节带幼儿参加扫墓活动，让幼儿明白虽然长辈离开我们了，不会再走路、呼吸、说话和吃东西了，但我们依然爱着他，他也还爱着我们。

【活动评析】

这是一个非常有价值但很少有教师会去触碰的生命教育活动。从活动前的调查到完整的活动设计可以看出，教师用心良苦。活动中，教师以故事导入，从感知动物的死亡到感知植物生命的规律，从个人体验生命的可贵到集体护蛋关爱生命再到最后回归生活，引导幼儿懂得关爱自己、关爱身边的人和物，以此实现生命教育活动目标。活动后多维度安排了延伸活动，巩固生命教育成果，延续幼儿的生命教育价值。建议教师注意问题的有效性和语言的精炼度，提高活动的效度，并使活动的节奏更加紧凑。

（该活动案例获第五届南海区学前教育健康领域教学活动设计评比一等奖）

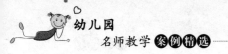
案例5　中班体育活动：好玩的报纸

罗村街道中心幼儿园　陈　丹

【活动来源】

生活中常见的一些东西往往蕴含着丰富的教育价值，报纸就是其中一种。只要运用得当，报纸也可以锻炼幼儿的身体。为此，我把报纸作为体育器械，设计了"好玩的报纸"这个活动，让幼儿在探索报纸的多种玩法中，实现一物多玩。同时锻炼幼儿的跑、跳、投的能力和身体协调能力，体验用报纸做体育游戏带来的乐趣。

【活动目标】

（1）通过练习跑、跳、投等技能，增强协调性、灵敏性。
（2）探索报纸的不同玩法，激发对体育活动的兴趣。
（3）培养团结、勇敢的精神。

【教学重难点】

重点：通过练习跑、跳、投等技能，增强协调性、灵敏性。
难点：正确地练习跳、投等技能。

【活动准备】

报纸（两张报纸中间夹上硬纸皮）每人一张、炮弹（报纸球）每人一个、大灰狼头饰、网（羽毛球网）、塑料筐（装炮弹）、歌曲《我的朋友在哪里》、纯音乐（进场：动感。游戏：活跃。放松运动：抒情）。

【活动过程】

1. 热身运动，活动筋骨

带领幼儿手持报纸跑步进场，请幼儿抬头挺胸、有精神地一起来跑步，请幼儿双手拿起报纸和教师一起来做报纸操。

2. 玩转报纸，锻炼跳的能力

师：这张报纸有好多种玩法，能锻炼我们的身体，我们一起打开报纸，把它放在我们跟前。

（1）引导幼儿双脚跳进报纸再跳出来，初步尝试跳的基本动作。

①教师示范、讲解。

第一，预备——腿稍屈，臂后摆，上体稍前倾。

第二，起跳——腿蹬直，臂向前上摆，展体，使身体向前跳出。

第三，落地——保持身体平衡，轻巧落地。

②幼儿进行练习。

（2）增加难度，引导幼儿双脚跳过报纸。

（3）继续增加难度，引导幼儿双脚打开跳过纵放的报纸。

（4）引导幼儿自由探索报纸的多种玩法。

幼儿使用报纸尝试多种玩法

师：请小朋友们动脑筋想想，利用这张报纸还可以有哪些跳法？

① 幼儿进行自由探索。

② 选择幼儿探索出的具有挑战性的玩法进行练习。

小结：小朋友们学了跳的本领，真棒！下面我们来玩一个"小兔找家"的游戏。

3. 游戏中练，巩固跳的技能

（1）教师交代游戏的玩法与规则：报纸作为小兔的家，围成一个大圆圈，小兔在大圆圈里玩耍。

师：这天，小兔子在草地上玩，可远处有一只大灰狼想来捉小兔子，它会在音乐停的时候出来，所以请小兔子如果听到音乐停了，就马上跳进离自己最近的一个家。

（2）进行游戏，教师适当提醒幼儿跳的动作技巧和注意安全。

小结：小兔子们都学会保护自己了，但是大灰狼下次还会出来伤害我们，我们要学习更强的本领战胜它。

4. 游戏"攻击大灰狼"，学习投掷的基本动作

（1）教师示范投掷动作，幼儿徒手学习。

① 教师示范讲解：

第一，两脚左右开立，左（右）脚在前，身体左（右）侧对投掷方向。

第二，左（右）腿蹬地、转体、挥臂，将"炮弹"经肩向前上方远处掷出。

② 幼儿徒手练习投掷，教师巡回指导。

（2）幼儿利用"炮弹"练习投掷的动作。

（3）开展游戏"攻击大灰狼"。

请一位教师扮演大灰狼，在场地中间拉网。大灰狼从网的一边出场，小兔子在网的另一边对大灰狼进行"炮弹"攻击，大灰狼从网的左边进攻小兔子，小兔子从网的右边跑到对面捡回"炮弹"再进行3次攻击，大灰狼最终逃跑了。

小结：小兔子们真勇敢，大灰狼被我们击退了，我们胜利啦！

5. 放松离场

运用报纸球做放松运动，组织幼儿离场。

【活动评析】

这是一个较为严谨且专业的中班体育活动，到了中班，幼儿已懂得跳跃式屈膝、前脚掌蹬地跳起、轻落地并主动屈膝缓冲，已掌握单手肩上投远动作。本次活动，教师以报纸为器械，以游戏贯穿，通过动作示范、玩情景游戏、一物多玩等策略实施，出色完成活动目标。活动亮点体现在：一是教师示范动作严谨，能用简单而专业的语言或手势发出指令，减少盲目行动，避免幼儿等待；二是活动过程有趣、有序，动作练习由易到难；三是教师目标意识强，驾驭能力高，富有教学智慧。建议去掉活动目标（1）中跑的动作练习，因为该动作练习没有在活动设计中体现，只是作为热身的辅助。

（该活动案例获第五届南海区学前教育青年教师教学基本功大赛特等奖）

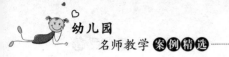

案例6 中班心理健康活动：我和黑夜玩游戏

九江曾秩和纪念学校附属幼儿园　张力雄

【活动来源】

在与幼儿自由谈论白天与黑夜时，我随机问了他们对黑夜的感受，竟有多数幼儿异口同声地说"害怕黑夜"。

调查研究发现，不同年龄的幼儿都有其特别害怕的事物。3～5岁的幼儿害怕黑暗、独处及想象中的怪物等。究其原因，是这一年龄段的幼儿具有很丰富的想象力，无法分辨现实与幻想。黑暗中的一些响声往往会引发幼儿的想象，如幼儿会把风声想象成鬼叫，把水龙头的滴水声想象成有贼。看不清任何东西的黑夜更是给了幼儿无限的想象空间，如联想到在电视上看到的恐怖镜头，父母用来恐吓自己的大老虎，等等。所以，黑夜不可避免地成了大多数幼儿恐惧的对象。

为了使幼儿身心更健康地成长，我们设计了"我和黑夜玩游戏"的活动，旨在帮助幼儿逐渐克服对黑夜的恐惧心理，体验超越自我的成功感。

【活动目标】

（1）知道自己怕黑的原因，懂得用多种方式排解怕黑情绪。

（2）体验超越自我的成功感和帮助别人的快乐。

（3）逐渐克服对黑夜的恐惧心理。

【教学重难点】

重点：了解怕黑的原因，懂得用多种方式排解怕黑情绪。

难点：克服对黑夜的恐惧心理。

【活动准备】

（1）材料准备：课件、眼罩、黑暗隧道、小电筒、分区牌、小锦囊。

（2）经验准备：回忆自己曾经有过的怕黑的经历。

【活动过程】

（一）谈话讨论，了解怕黑的心理

师：现在是什么时候？你能看见我吗？到了晚上呢？晚上看不见任何东西的时候，你的心情会怎么样？

小结：其实很多人都会怕黑，只是怕黑的程度不同而已。

（二）猜测体验，消除怕黑的因素

（1）观看视频上半部分，了解害怕黑夜的原因。

师：她为什么会怕黑？她看到了什么？又听到了什么？

（2）戴上眼罩，亲身体验黑夜中听到声音时所产生的联想。

（3）观看视频下半部分，消除幼儿害怕黑夜的诱因。

师：那个奇怪的声音到底是什么？世界上有妖魔鬼怪吗？

小结：怕黑其实只是我们看不清周围的东西，又或者是听到一些不知是什么声音时所产生的联想而导致的。

（三）脱敏训练，排解怕黑的情绪

1. 第一次穿越"黑暗隧道"

（1）教师介绍长长的、窄窄的、黑黑的"黑暗隧道"，请幼儿根据自己的意愿选择"敢去"和"不敢去"的区域就座。

（2）教师邀请敢去的幼儿尝试穿越"黑暗隧道"，并请已经穿越"黑暗隧道"的幼儿谈谈自己穿越时的方法和感受。

（3）教师鼓励不敢去的幼儿穿越"黑暗隧道"。

2. 第二次穿越"黑暗隧道"

（1）教师介绍更长、更黑、伴有奇怪声音的"黑暗隧道"，请幼儿根据自己的意愿选择"敢去"和"不敢去"的区域就座。

（2）教师邀请敢去的幼儿尝试穿越"黑暗隧道"，并请已经穿越"黑暗隧道"的幼儿谈谈自己穿越时的方法和感受。

（3）教师鼓励不敢去的幼儿穿越"黑暗隧道"。

（4）教师总结幼儿提出的排解怕黑情绪的方法。

教师在引导幼儿按自己的想法穿越"黑暗隧道"

（四）情感熏陶，感受黑夜的美好

结合课件，教师用优美的语句讲述《美丽的夜晚》，带领幼儿感受黑夜的美好。

【活动评析】

本活动选材源于幼儿怕黑的心理现象，教师用心制作了两条长短不一的"黑暗隧道"，创设了"敢去"和"不敢去"两个区域供幼儿选择，运用了行为透明法、系统脱敏法、谈话法等心理学方法进行干预，配合课件、眼罩、小电筒、分区牌、小锦囊等辅助工具的使用，让幼儿在一次次自主讨论、猜想、分享、体验中了解怕黑的原因，消除怕黑的心理障碍，形成不怕黑的积极心态。越来越多的幼儿穿越"黑暗隧道"可以证明，这是一个很有挑战性的心理健康教育活动，能不同程度克服幼儿怕黑的恐惧心理，促进幼儿主动性、独立性的发展。

（该活动案例获第五届南海区学前教育青年教师教学基本功大赛一等奖）

案例7 中班体育活动：好玩的纸棒

大沥雅瑶幼儿园　潘小仪

【活动来源】

在一次户外活动中，我看见有几个小朋友正在玩几张被人丢弃的报纸。他们时而踢，时而卷，玩得可带劲了，其他小朋友也被这热闹的气氛吸引过来，加入玩报纸的游戏中。此情此景让我萌生了一个想法，不如就把这些废旧的报纸卷成纸棒，和幼儿共同创造一系列纸棒游戏，既环保节源，又能一物多玩，满足幼儿的好奇心及创造欲望。

【活动目标】

（1）自由探索纸棒的各种玩法，掌握单脚跳、双脚跳和助跑跨跳等动作。

（2）培养主动参与、自由探索、团结合作的精神，体验运动带来的快乐。

【教学重难点】

重点：学习单脚跳、双脚跳和助跑跨跳。

难点：掌握助跑跨跳的动作要领。

【活动准备】

材料准备：①录音机一部，音乐磁带；②纸棒（红色、绿色）若干，水果图片若干，篮子两只；③钻山洞两个，平衡木两根；④活动前将幼儿分成红、绿两组，并给他们带上相应的标志。

环境准备：布置一个果园。

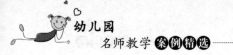

【活动过程】

（一）纸棒韵律操，热身激趣

教师带领幼儿跟随音乐做纸棒韵律操，包括头部、上肢、躯干、下肢、跳跃及整理运动，达到热身的效果和激发幼儿参与活动的兴趣。

（二）自由探索，练习单脚跳、双脚跳和助跑跨跳

1. 幼儿自由玩纸棒

让幼儿充分发挥自主性，大胆地创造玩法，如抛接纸棒、骑纸棒、夹着纸棒跳、头顶纸棒、跳纸棒等。

2. 教师对幼儿玩纸棒的动作进行指导

教师归纳纸棒的玩法，并利用纸棒有针对性地对幼儿单脚跳、双脚跳和助跑跨跳的动作进行指导。

（1）请拿纸棒的幼儿将红纸棒、绿纸棒排成两条小河。

（2）请幼儿想办法跳过小河，先请个别幼儿来示范跳小河的动作（有的幼儿单脚跳，有的双脚跳，有的助跑跨跳），再由幼儿集体练习单脚跳、双脚跳、助跑跨跳。

3. 难点练习

幼儿跟着教师一起学习跨过小河，教师讲解动作要领：两手半握空拳，肘于体两侧距小河5～8步，跑到小河前，一只脚用力蹬地，另一条腿跨过小河，单脚落地，保持平衡。

幼儿自由练习数次，教师鼓励胆小的幼儿助跑跨跳跳过20厘米的距离，鼓励敢于尝试难度较大动作的幼儿。

4. 竞赛游戏：摘果子

游戏规则：将幼儿分成红、绿两组，幼儿先用单脚跳过小河（纸棒），走过小桥（平衡木），再用双脚跳过小河，钻过山洞，然后用助跑跨跳跳过20厘米的小河，最后跑到果园里摘一个水果送回终点，以水果数量多的一方为胜。

在游戏开始前，先请能力强的幼儿示范正确的动作，再组织幼儿集体练习。

当游戏开始时，幼儿在单脚跳、双脚跳和助跑跨跳的时候，会有一些幼儿跳的方法不当，教师及时指导，再一次示范跳的正确动作。

在游戏过程中，教师要注意师幼互动，充分调动幼儿的积极性，并以分组竞赛的形式让幼儿充分体验到成功的喜悦。

（三）结束部分，放松身体活动

教师简单总结，表扬幼儿的表现，并组织放松运动。

师：今天，小朋友们通过玩纸棒游戏，能用单脚跳过小河、走过小桥，用双脚跳过小河、钻过山洞，用助跑跨跳跳过20厘米的小河，摘到那么多的水果，我为你们感到高兴！

教师带领幼儿做放松运动。

【活动评析】

中班上学期，幼儿已能熟练掌握单脚连续跳及助跑跨跳，动作连贯，节奏清楚。本次活动中，教师以纸棒为体育用具，通过不断要求幼儿变化纸棒的摆法，让幼儿在玩纸棒、摆纸棒、跳纸棒的练习中循序渐进掌握单脚跳、双脚跳以及助跑跨跳的动作技能，较好完成教学目标。教师最后又以竞赛游戏"摘果子"来巩固练习，反复强调跳跃的动作要领，而且能在游戏中关注能力较弱的幼儿，这些都值得肯定。建议教师在引导幼儿摆纸棒玩跳跃游戏时要明确要求，如玩单脚跳可以怎么摆，双脚跳可以怎么摆，助跑跨跳可以怎么摆，让幼儿对不同跳跃的密度、难度与速度有一个初步的判断。

（该活动案例获南海区学前教育幼儿教育活动案例评选二等奖）

教师在研究纸棒的玩法

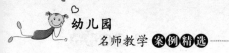

案例8 中班健康活动：身体变变大闯关

南海机关第二幼儿园 黎惠燕 曾昭环

【活动来源】

人对幼儿来说，是有趣而神秘的。幼儿每时每刻都在与自己的身体打交道，但这并不代表幼儿对身体有充分的认识。在幼儿生长发育的过程中，引导幼儿正确认识自己、喜欢自己、学会保护自己是幼儿健康教育中必不可少的内容。因此，我们特别设计了活动"身体变变大闯关"，旨在通过此活动，让幼儿探索身体的各个部位，从而激发幼儿探索人体的兴趣。

【活动目标】

（1）通过玩身体造型的游戏发展跳和钻的能力。
（2）能积极参与合作游戏，体验成功。

【教学重难点】

重点：通过玩身体造型的游戏发展跳和钻的能力。

难点：用身体不同部位进行合作游戏。

【活动准备】

（1）录音机、音乐：健康机械舞、自制声音录音。
（2）教师自编的机械人的模仿操。
（3）能量勋章若干。

【活动过程】

（一）健康机械舞，热身激趣

幼儿跟随教师模仿机器人进场。

师：小朋友，咱们跟客人老师打个招呼吧！今天老师要带小朋友到太空旅行，准备好了吗？变身机器人。出发！请小机器人面向老师，找个舒服的位置站好。咱们要做运动啰！

（二）自主摆造型，锻炼跳和钻的能力

（播放录音：大家好！欢迎来到太空弯曲大舞台。今天太空弯曲大舞台举行"机器人身体变变大闯关"，欢迎大家来挑战。请用身体各部位摆出可以跳和钻的造型。）

师：大家听一听，是什么声音？原来今天太空弯曲大舞台要举行"机器人身体变变大闯关"呀！我们也要参加！就用身体摆造型来锻炼吧！不过这个游戏要两个人一起进行，我请一位小机器人来帮助我。我摆出一个山洞的造型，请你来钻山洞。这位小机器人的身手很灵敏，一下子就钻过去了！现在轮到你摆造型，我来玩游戏。注意摆造型的小机器人不能动喔！

1. 请个别小朋友进行展示

师：还有谁能想出和老师不一样的造型？请你和你的好朋友一起出来做一做。（在展示过程中，如果出现两位小朋友一起行动时，教师应提示：这两位小机器人想到这样玩也很好，但老师要求的是一位小机器人摆出造型，另一位小机器人来进行游戏。要听清楚要求哦。请你们再试一试。）

2. 两人一组自主游戏

师：哇，小机器人的小脑袋真聪明！想到那么多和别人不一样的玩法。下面两个好朋友一组来进行游戏。玩的时候要注意安全，看哪一组机器人想的方法最多、最好！（巡回指导时，教师可适当地提问：你摆了什么造型？）

小结：小机器人想的办法真多！刚才老师发现有一组小机器人玩得很棒喔！摆造型的小机器人把脚分得很开，跳的小机器人很快就能跳过去了！

3. 三人一组自主游戏

师：现在老师给你们加大难度，三个人怎样玩这个游戏？两个小机器人贴

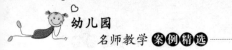

在一起摆造型，一个小机器人玩游戏。大家想一想。

师：想到了吗？哪三个小机器人先出来？（如果在玩游戏的过程中，两个小朋友分开摆造型，要点出来：这样叫一个人摆造型，我们是两人合作摆造型，必须两两贴在一起来进行。然后再请一组尝试。）

小结：玩组合造型时，如果想要造型与别人不同还可以用脚来进行组合。还有，合作摆造型必须两两贴在一起，不能分开。

（三）挑战闯关，集体游戏练跳、钻

1. 第一关：单人铁索桥

教师导入：现在我们的身体都练得棒棒的，可以进行大闯关了！出发！

师：这是第一关——单人铁索桥。要一个人摆造型，一个人闯关。请衣服上有红色战队标记的小机器人到铁索桥上找到位置，摆出造型。蓝色战队的小机器人要勇敢地跳过或钻过铁索桥，在铁索桥尽头每次取一枚能量勋章，集齐三枚闯关成功！（游戏连续进行三次后，进行互换。）

幼儿尝试利用身体搭建铁索桥，锻炼跳、钻、爬等技能

2. 第二关：双人悠悠道

师：小机器人第一关过得相当不错！我们继续前进。第二关是双人悠悠道，要两个人摆造型，难度加大了。

师：先请红色战队的小机器人两人一组在双人悠悠道上找到位置，摆出造型。蓝色战队的小机器人先进行闯关，记得取回能量勋章喔！

师：第一批小机器人闯关成功！两组小机器人互换。

师：时间到。祝贺小机器人全部闯关成功！

（四）小结和放松

师：我们今天玩了"身体变变大闯关"的游戏，这是用身体关节摆造型进行的。小机器人今天都很累了，现在我们来放松放松吧！

请幼儿再次变身。把自己想象成雪人，在融化的过程中，不单是身体得到了放松，意识也得到了放松。

【活动评析】

这是健康领域的中班体育活动。活动中，教师以"机器人变身闯关"情景为路径，从单人造型到多人组合造型，幼儿不断探索身体各部位组合变化，摆出能满足同伴跳或钻的造型，在感知自我身体变化的同时，发展基本动作，提升运动能力。把鼓励幼儿利用身体创作不同造型作为辅助工具以满足教学要求，这是可以的，但如果以减少幼儿运动密度、牺牲幼儿运动时间为代价，还是值得探讨的。

（该活动案例获第五届南海区学前教育青年教师活动设计评比一等奖）

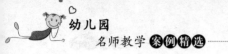

案例9 中班健康活动：关节真灵活

桂城多元智能红苹果幼儿园 陈 芳

【活动来源】

《幼儿园教育指导纲要（试行）》要求教育内容的选择要贴近幼儿的生活，选择幼儿感兴趣的事物和问题。在一次科学活动探索中，幼儿们一进门就被几架人体骨骼模型所吸引，他们纷纷围上去，一个幼儿说："老师，快看，这些是什么东西？好怕呀，一定是魔鬼吧，那么丑。"马上有幼儿回答："怕什么，这是我们的骨头。"健健说："是的，我在医院看过呢。"这时，其中一位幼儿不小心触碰了一下人体骨骼模型，"哇！它会动喔。"这位幼儿的发现让本来有些害怕的幼儿也大胆动起手来，一会儿拉下手，一会儿抬下脚，玩得不亦乐乎。这时我灵机一动，何不借此机会抓住幼儿天生好奇的特点，让幼儿来了解自己身体的关节，从而使幼儿在自然状态下接受关节这一概念呢？于是，我设计了本次活动，力图让幼儿通过感知、探索、体验来发现关节的灵活性和重要性，从而引导幼儿懂得保护关节的基本方法。

【活动目标】

（1）初步了解身体主要关节的名称。
（2）体验和感知关节的重要性。
（3）掌握保护关节的基本方法，提高健康意识。

【教学重难点】

重点：体验和感知关节的重要性。

难点：知道保护关节的基本方法。

【活动准备】

人体关节图片及视频、纸皮、音乐。

【活动过程】

（一）游戏激趣，引出关节

（1）以"木头人"的游戏导入，调动幼儿的积极性。

师：小朋友，木头人不会动，我们的身体会动吗？

通过提问让幼儿形成对比，激发幼儿的学习兴趣。

（2）播放音乐，活动全身关节，让幼儿感受身体的各个部位在动。

（3）交流讨论：自己身体的哪些部位在动？为什么会动？

小结：我们的身体的各个部位之所以会动，是因为我们的身体里面有许多关节，骨头与骨头相连接的地方就叫关节。

（二）播放课件，认识关节

（1）观看图片，认识身体的主要关节（指关节、肘关节、髋关节、膝关节、踝关节）。

（2）游戏"找关节"。依次指出指关节、肘关节、髋关节、膝关节、踝关节，巩固幼儿对关节的认识。

（3）播放视频，了解人体关节活动时的动态。

小结：原来我们在活动的时候我们的关节也是很灵活地在动的！有了这些关节，我们做什么事情都很方便。

（三）逆向体验，感受关节

利用纸夹板固定膝关节跟肘关节，感受关节被固定后带来的不便。

师：我们带上纸夹板来运动，你的感受是怎样的？

交流讨论：让幼儿说说带上纸夹板运动的感受。

小结：其实关节被固定就好比我们的关节受了伤，不仅很不舒服、很难受，而且不能灵活地活动，这给我们的生活与学习带来了很多不方便。

（四）思想碰撞，保护关节

（1）引出讨论：如何保护关节，不让关节受伤。

（2）播放课件，介绍保护关节的方法。例如：上下楼梯不可推挤，不可从太高的地方往下跳，多吃一些含钙的食物，适当晒太阳。

小结：其实还有很多可以保护关节的方法呢！小朋友可以回家跟爸爸妈妈一起找一找，再把你找到的方法告诉你的朋友和老师，让更多的人来保护自己的关节，让我们的身体更健康！

教师引导幼儿讨论如何保护关节

（五）学以致用，运用关节

（1）使用手上的关节，与现场教师道别。

师：举起你们的小手，向后转，现在用你们手上的关节，跟客人老师说再见！

（2）使用身上的关节，踏步离场。

师：现在请小朋友动起你们身上的关节，向右转，起步走，一二一，一二一！

（3）结束课堂。

【活动评析】

为满足幼儿的好奇心，让幼儿了解自己身体上的关节，教师设计了这个中班整合性的健康活动。活动目标具体清晰，方法灵活多样，过程环环相扣、层层深入，师幼互动积极有效。特别是动画人体透视视频和纸皮夹板教具的使用，以其直观、动感、形象的特点，激发了幼儿学习的欲望，调动了幼儿参与体验的积极性，让幼儿在直接感知、实践操作、亲身体验中了解人体关节的构造与作用，懂得简单的卫生保健常识，形成初步自我保护意识。建议教师尝试用低结构组织方式来重新设计本活动，看会不会给幼儿主动学习带来更大的空间与更多的机会。

（该活动案例获第五届南海区学前教育青年教师教学基本功大赛特等奖）

"关节真灵活"送课下镇活动

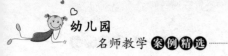
案例10 小班体育活动：筒乐

大沥黄岐中心幼儿园 李素芳 李春霞

【活动来源】

在一次户外游戏中，我发现我班幼儿出现了两脚分开跳过障碍物、双脚先后落地向前跳等不规范的跳跃动作。为此，我选择了幼儿常见的废旧物品——纸筒，利用其安全、实用、灵活、多变等特点，设计了本次活动，以帮助幼儿练习双脚并拢向前跳，提高幼儿跳跃动作的协调性，让幼儿体验跳跃的乐趣。

【活动目标】

（1）学习双脚并拢向前跳，锻炼腿部力量。

（2）提高身体的协调性和动作的灵活性。

（3）能积极参加活动，在活动中感受快乐。

【教学重难点】

重点：学习双脚并拢向前跳。

难点：掌握双脚并拢向前跳的动作要领。

【活动准备】

纸筒若干、音乐、场地布置。

【活动过程】

（一）做纸筒操，热身激趣

（1）听音乐跟着教师小跑步入场，围成一个圆圈。

（2）热身运动纸筒操：教师带领幼儿用纸筒有节奏地进行上肢运动、腿部运动等热身运动。

（二）学习动作要领，练习巩固动作

1. 学习双脚并拢向前跳

（1）导入：有一种动物，胸前有个大大的袋子，袋子里装个小宝宝，它是谁啊？袋鼠有什么本领呢？

（2）教师运用儿歌来引导并带领幼儿练习双脚并拢向前跳。

（儿歌：小脚并拢，膝盖弯弯，轻轻向前跳……）

幼儿利用纸筒练习双脚并拢向前跳

（3）在地上出示图标，请幼儿按照图标摆放纸筒（器械摆放如下图所示），绕着圆圈自由跳过摆好的两个为一组的纸筒。

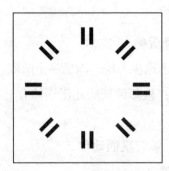

简乐：器械摆放

2. 自由向前跳并跳过多个纸筒

（1）指导幼儿摆放四个为一排的纸筒（器械摆放如下图所示），鼓励幼儿用正确的方法大胆跳过纸筒。

（2）在场地的一处增设六个为一排的纸筒，鼓励幼儿大胆挑战。

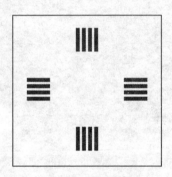

简乐：器械摆放

3. 跳过有一定高度的纸筒

（1）幼儿用纸筒搭建"小桥"（器械摆放如下图所示），教师引导幼儿用双脚并拢向前跳的方法跳过"小桥"。

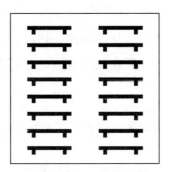

简乐：器械摆放

（2）幼儿用纸筒搭建"大桥"（器械摆放如下图所示），教师鼓励幼儿大胆跳过有一定高度的"大桥"。

简乐：器械摆放

（三）放松整理

（1）师幼在音乐中进行放松运动：调整呼吸，上肢、下肢放松。

（2）培养幼儿良好的行为习惯，请幼儿把玩过的纸筒收拾好。

【活动评析】

这是一个小班幼儿练习跳跃的体育活动，到了小班，幼儿能掌握向前跳、向上跳、双脚向前行进跳等简单跳跃动作。本活动中，教师能根据小班幼儿的特点制定目标、选择器材、设计程序，以幼儿熟悉的动物袋鼠引入，以纸筒为器械，以儿歌讲解动作要领，通过向前跳、绕圈跳和跳过一定高度的纸筒，不断变化运动的维度和难度，让幼儿在反复多次的练习、巩固中加强了跳跃技能。活动的最大亮点是：让幼儿按图标自主摆放和收纳纸筒，这大大提高了幼儿主动学习的积极性，增加了运动密度。建议教师明确活动难点要领所在（双脚同时用力蹬地起跳），并在幼儿练习的过程中反复强调，体验难点的突破。

（该活动案例获第五届南海区学前教育青年教师活动设计评比大赛一等奖）

教师在探讨纸筒的不同玩法

案例11 小班体育游戏：爬爬乐

狮山官窑中心幼儿园 闻悦婷

【活动来源】

《幼儿园教育指导纲要（试行）》在健康领域的内容与要求中指出：用幼儿感兴趣的方式发展基本动作，提高动作的协调性、灵活性。

爬行是小班幼儿很喜欢的一项运动，在日常的活动中经常发现幼儿喜欢趴在地上爬来爬去玩耍。美国费城某研究所的调查表明，爬行可促进婴幼儿的大脑发育，开发儿童的智力潜能，对加强大脑控制眼、手及脚协调的神经发育有极大的益处。于是我设计了小班体育游戏"爬爬乐"，拟顺应幼儿爱爬的天性，发展幼儿的爬行能力，提高幼儿机体的协调性和灵活性。

【活动目标】

（1）在手膝着地爬的基础上学习身体着地爬行，锻炼手脚的协调性和灵敏性。

（2）积极参加和爬相关的游戏，体验游戏的快乐。

【教学重难点】

重点：积极参加和爬相关的游戏，锻炼手脚的协调性和灵敏性。

难点：掌握身体着地爬行的动作。

【活动准备】

纸箱（每人一个）、音乐、不同高度和坡度的纸箱障碍物。

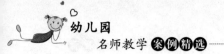

【活动过程】

（一）快乐乌龟操，幼儿齐锻炼

场地上放置纸箱，确保幼儿人手一个纸箱。

师：今天天气真好，乌龟妈妈带着小乌龟来做游戏啦！请小乌龟们每人找一间"小房子"，钻进去，站起来，我们一起做乌龟操。

教师和孩子一起探索纸箱可以怎么玩

（二）纸箱大变身，幼儿学爬行

1. 游戏"房子大变身"，借助纸箱引导幼儿学习身体着地爬行

师：小乌龟最大的本领是什么？现在请小乌龟蹲下去，爬出来，一起玩"房子大变身"的游戏（器械摆放如下图所示）。

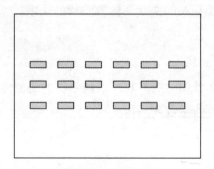

爬爬乐：器械摆放

师："小房子"变、变、变！变成一条圆形的小路（器械摆放如下图所示），我们一起到小路上学习爬的本领吧！

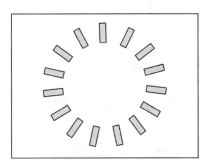

爬爬乐：器械摆放

师：小乌龟们学得真不错，"小房子"继续大变身，变、变、变，变成汽车，嘟、嘟、嘟！谁会开，请你来试试。

2. 游戏"送萝卜"，让幼儿在情境游戏中快乐练习各种爬行动作

教师设置两座不同的桥（器械摆放如下图所示），以便满足不同发展层次的幼儿锻炼的需要。

师：今天是小兔的生日，我们送礼物给它好吗？小兔最喜欢什么？（萝卜）小兔的家在河的对岸，房子继续大变身，我们把房子变成小桥。

幼儿在教师设置的不同情境中爬行

师：现在有两座桥可以去小兔家，小乌龟们看一看，这座桥上有什么？（山洞）要怎样爬过去呀？经过第二座桥不仅要经过山洞（有的高，有的矮），还要爬过小山坡，小乌龟喜欢哪座桥呢？请小乌龟们到那边做好准备。

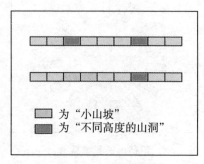

■ 为"小山坡"
■ 为"不同高度的山洞"

爬爬乐：器械摆放

3. 游戏：快乐爬爬爬

幼儿们一起爬过两座桥，让每一个幼儿都有尝试、锻炼的机会（器械摆放如下图所示）。

师：小乌龟们把萝卜送给了小兔，小兔可高兴了，它说谢谢小乌龟。请小兔和我们一起玩游戏好吗？

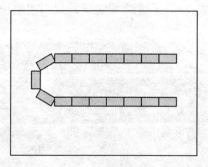

爬爬乐：器械摆放

（三）放松结束

师：今天小乌龟们练习了爬，还和小兔度过了快乐的生日，真有意义。玩了一天，大家满身都是汗，我们要做一只爱清洁的小乌龟，一起去洗个澡吧。

（1）放松活动。请小乌龟们找一间房子，钻进去，一起来做洗澡操。

（2）离场。变变变，房子变成小车，嘟嘟嘟。

【活动评析】

这是一个小班幼儿练习爬行的体育游戏活动，到了小班下学期，幼儿能掌握多种爬法，能钻爬过较低的障碍物且身体不碰到物体。教师根据这一特点，巧妙运用纸箱作为体育器械，为幼儿提供不同的爬行路径，以满足幼儿不同能力水平的需要。整个活动以情景导入，以器械引领，以游戏贯穿，最终幼儿在积极、欢乐的气氛中达成目标。建议教师关注幼儿运动的密度，三位教师做好分工，提供多条不同难度的路径让幼儿练习爬行，减少不必要的等待。

（该活动案例获第五届南海区学前教育青年教师教学基本功大赛特等奖）

第二章

语言教育

　　幼儿园语言教育是通过各类活动提高幼儿运用语言交往的积极性，发展语言能力的教育。幼儿的语言是在运用的过程中发展起来的，语言教育应密切结合幼儿的实际生活，在各种活动中进行。语言学习具有个别化的特点，应重视与幼儿的个别交流，以及幼儿之间的自由交谈。语言能力是一种综合能力，幼儿语言的发展与其情感、思维、社会参与水平、交流技能、知识经验等方面的发展是不可分割地联系在一起的，语言教育应当是跨领域的综合教育。

　　本章将从幼儿的学习与发展、学习与发展目标和教学案例精选三个部分帮助幼儿教师在重温语言教育目标的基础上，通过提供的教学活动案例，选择性地组织幼儿开展丰富多彩的语言教学活动，培养和发展幼儿的语言理解和表达能力。

第一节 幼儿的学习与发展

《3～6岁儿童学习与发展指南》中指出，语言是交流和思维的工具。幼儿期是语言发展，特别是口语发展的重要时期。幼儿语言的发展贯穿于各个领域，也对其他领域的学习与发展有着重要的影响：幼儿在运用语言进行交流的同时，也在发展着人际交往能力、理解他人和判断交往情境的能力、组织自己思想的能力。通过语言获取信息，幼儿的学习逐步超越个体的直接感知。

幼儿的语言能力是在交流和运用的过程中发展起来的。应为幼儿创设自由、宽松的语言交往环境，鼓励和支持幼儿与成人、同伴交流，让幼儿想说、敢说、喜欢说并能得到积极回应。为幼儿提供丰富、适宜的低幼读物，经常和幼儿一起看图书、讲故事，丰富其语言表达能力，培养其阅读兴趣和良好的阅读习惯，进一步拓展学习经验。

幼儿的语言学习需要相应的社会经验支持，应通过多种活动扩展幼儿的生活经验，丰富语言的内容，增强理解和表达能力。应在生活情境和阅读活动中引导幼儿自然而然地产生对文字的兴趣，用机械记忆和强化训练的方式让幼儿过早识字不符合其学习特点和接受能力。

第二节 学习与发展目标

一、倾听与表达

目标1：认真听并能听懂常用语言。

3～4岁	4～5岁	5～6岁
（1）别人对自己说话时能注意听并做出回应 （2）能听懂日常会话	（1）在群体中能有意识地听与自己有关的信息 （2）能结合情境感受到不同语气、语调所表达的不同意思 （3）方言地区和少数民族幼儿能基本听懂普通话	（1）在集体中能注意听老师或其他人讲话 （2）听不懂或有疑问时能主动提问 （3）能结合情境理解一些表示因果、假设等相对复杂的句子

目标2：愿意讲话并能清楚地表达。

3～4岁	4～5岁	5～6岁
（1）愿意在熟悉的人面前说话，能大方地与人打招呼 （2）基本会说本民族或本地区的语言 （3）愿意表达自己的需要和想法，必要时能配以手势动作 （4）能口齿清楚地说儿歌、童谣或复述简短的故事	（1）愿意与他人交谈，喜欢谈论自己感兴趣的话题 （2）会说本民族或本地区的语言，基本会说普通话。少数民族聚居地区幼儿会用普通话进行日常会话 （3）能基本完整地讲述自己的所见所闻和经历的事情 （4）讲述比较连贯	（1）愿意与他人讨论问题，敢在众人面前说话 （2）会说本民族或本地区的语言和普通话，发音正确清晰。少数民族聚居地区幼儿基本会说普通话 （3）能有序、连贯、清楚地讲述一件事情 （4）讲述时能使用常见的形容词、同义词等，语言比较生动

目标3：具有文明的语言习惯。

3～4岁	4～5岁	5～6岁
（1）与别人讲话时知道眼睛要看着对方 （2）说话自然，声音大小适中 （3）能在成人的提醒下使用恰当的礼貌用语	（1）别人对自己讲话时能回应 （2）能根据场合调节自己说话声音的大小 （3）能主动使用礼貌用语，不说脏话、粗话	（1）别人讲话时能积极主动地回应 （2）能根据谈话对象和需要，调整说话的语气 （3）懂得按次序轮流讲话，不随意打断别人 （4）能依据所处情境使用恰当的语言。如在别人难过时会用恰当的语言表示安慰

二、阅读与书写准备

目标1：喜欢听故事，看图书。

3～4岁	4～5岁	5～6岁
（1）主动要求成人讲故事、读图书 （2）喜欢跟读韵律感强的儿歌、童谣 （3）爱护图书，不乱撕、乱扔	（1）反复看自己喜欢的图书 （2）喜欢把听过的故事或看过的图书讲给别人听 （3）对生活中常见的标识、符号感兴趣，知道它们表示一定的意义	（1）专注地阅读图书 （2）喜欢与他人一起谈论图书和故事的有关内容 （3）对图书和生活情境中的文字符号感兴趣，知道文字表示一定的意义

目标2：具有初步的阅读理解能力。

3～4岁	4～5岁	5～6岁
（1）能听懂短小的儿歌或故事 （2）会看画面，能根据画面说出图中有什么，发生了什么事等 （3）能理解图书上的文字是和画面对应的，是用来表达画面意义的	（1）能大体讲出所听故事的主要内容 （2）能根据连续画面提供的信息，大致说出故事的情节 （3）能随着作品的展开产生喜悦、担忧等相应的情绪反应，体会作品所表达的情绪情感	（1）能说出所阅读的幼儿文学作品的主要内容 （2）能根据故事的部分情节或图书画面的线索猜想故事情节的发展，或续编、创编故事 （3）对看过的图书、听过的故事能说出自己的看法。 （4）能初步感受文学语言的美

目标3：具有书面表达的愿望和初步技能。

3～4岁	4～5岁	5～6岁
喜欢用涂涂画画表达一定的意思	（1）愿意用图画和符号表达自己的愿望和想法 （2）在成人提醒下，写写画画时姿势正确	（1）愿意用图画和符号表现事物或故事 （2）会正确书写自己的名字 （3）写画时姿势正确

以上摘自《3～6岁儿童学习与发展指南》

《3～6岁儿童学习与发展指南》"学而致用"研讨现场

第三节　教学案例精选

案例1　大班语言活动：会说话的手（谈话）

大沥黄岐中心幼儿园　梁少敏

【活动来源】

一天，小朋友们在进行一个音乐游戏。"我伸出右手去，我收回右手来，我伸出左手摆一摆，左手收回来……"随着轻快的音乐节奏，我走到幼儿中间和他们一起做着手的游戏。小朋友们一边摆着双手，一边跟着我又蹦又跳。出于对该活动的兴趣，他们在活动后还在叽叽喳喳地说着手的用途：画画、打电话、拿东西……他们从手的用途说到了各种各样的手势。有一个小朋友举起手说："我的手在说'你好'。"旁边一个小朋友受到了启发，伸出手指竖起来，一边摆手指，一边说："我的手在说不好吃。"突然有幼儿对我说："老师，他们都错了，手怎么会说话呢？"小朋友们一下子都带着疑问看着我。为了让幼儿们对手的功能有更深一层的认识，我们设计了本次活动。

【活动目标】

（1）知道手会说话，并能根据手势进行创造性想象，尝试创编出不同的小故事。

（2）了解生活中用手语传递信息的人，激发幼儿关心、尊重他人的情感。

（3）能积极参与活动并进行大胆讲述。

【教学重难点】

重点：知道手会说话，并能根据手势进行创造性想象。

难点：尝试根据手势创编出不同的小故事。

【活动准备】

音乐、电教平台、课件。

【活动过程】

（一）手势暗示，引出"手会说话"

1. 当幼儿听着音乐跳舞时，教师做了个"暂停"的手势

提问：音乐为什么会停下来？（电脑老师看见了"暂停"的手势。）

2. 教师利用手势请幼儿坐下

提问：老师没说一句话，你们怎么知道要坐下？（老师做出了"请坐"的手势。）

小结：人不光嘴巴能说话，手势也能说话。

（教师通过提问引导幼儿关注活动中出现的简单手势，让幼儿清晰地知道手也可以代替嘴巴表达。）

（二）观察手势，联想"手在说什么"

1. 教师逐一做简单的手势让幼儿联想，提问：老师的手在说什么

幼儿1：小手说肚子饿了，很想吃麦当劳。

幼儿2：小手说小白兔要轻轻地走，不要给大灰狼发现。

幼儿3：小手说自己可以变身为一个衣架，给妈妈晾衣服。

…………

（这是一个没有标准答案的开放式提问，旨在引导幼儿展开想象，创造性地思考手势的含义，为完成第一个活动目标打下了基础。）

2. 幼儿结对自由做手势并进行联想

要求幼儿跟好朋友互相做手势，并猜一猜，说一说"你的手在说什么"。

（从猜老师的手势过渡到讲自己做的手势，实现由易到难的过渡。让幼儿跟好朋友互相猜、说，使幼儿得到自然练习的机会，也为下一步创编做铺垫。）

3. 尝试让幼儿看手势创编小故事

教师做出三个简单的连贯手势，让幼儿进行联想讲述。提问：小手在讲什么有趣的故事？

师：老师首先想听听关于警察的故事，好吗？

师：老师也想听听关于小动物的故事，可以吗？

师：你们还可以编出其他故事吗？

（这是活动的难点，由于前面都是练习创编简单的一两句话，所以刚开始时幼儿不能很好地根据教师的连贯动作完整编出小故事，这时教师立刻改变策略，做出动作后给出猜想的范围，让幼儿先在教师给出的范围内进行创编，然后再逐步把创编的范围放宽，让问题从易到难逐层深入，很好地完成了第一个活动目标。）

教师启发幼儿思考"手是怎么说话的"

（三）学习手势，了解"手会说什么"

1.师："什么人需要用手说话？为什么？"（指挥家、驯兽师、聋哑人、交警等）（幼儿在日常生活中见过各种打手势的人，这样的提问贴近幼儿的生活，他们回答得很积极，为目标二做了铺垫，起到承上启下的作用。）

2.出示相应课件，加深幼儿对用手说话的人的了解，并激发幼儿尊重他人的情感。

（四）思维拓展，思考"身体会说话"

提问：我们的身体除了手能代替嘴巴说话，还有哪些部位能代替嘴巴说话呢？

【活动评析】

该活动选材简单、巧妙，既源于生活又高于生活。教师通过手势引发幼儿猜想，丰富幼儿的语言内容，激发幼儿大胆表达。动静交替的教学策略、开放有效的提问、恰到好处的手势、接纳信任的师幼互动以及生动形象、富有感染力的语言是本次活动成功的关键。如能渗透幼儿不歧视语言有障碍者的情感教育，则能丰富本活动的教育价值。

（该活动案例获佛山市幼儿教育课例评选一等奖）

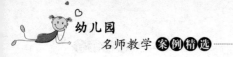

案例2　大班语言活动：猴哥请帮手（儿歌）

大沥实验小学附属幼儿园　林翠丽

【活动来源】

在开展各行各业的主题探究时，幼儿都在谈论自己父母的职业，大家都认为自己的父母最能干，但不知道为什么自己的爸爸能当医生、自己的妈妈能当银行职员。为了让幼儿更加了解职业的特点，我特意以故事《猴哥请帮手》为背景创编了有职业特点的儿歌《猴哥请帮手》，希望通过幼儿对儿歌的学习，发展幼儿完整的语言表达能力，引导幼儿学会看到别人的优点和认识自己的长处。

【活动目标】

（1）通过欣赏、理解儿歌，培养幼儿丰富的想象力和完整的语言表达能力。

（2）在欣赏儿歌的过程中，学会看到别人的优点和认识自己的长处。

【活动准备】

PPT课件、动物图卡、连线图（人手一份）、碰铃、工作卡、黑板。

【活动过程】

1. 观看哑剧，激发兴趣

（1）提问：小朋友，你们看过哑剧吗？知道什么是哑剧吗？

（2）观看哑剧，让幼儿用自己的语言描述出哑剧的内容。

2. 欣赏儿歌，理解内容

欣赏完整的儿歌，思考各个小动物的优点是什么，加深对儿歌内容的理解。

3. 观看课件，发现优点

引导幼儿观看课件"猴哥招聘会"，组织幼儿围绕下列问题进行谈话。

（1）猴哥开招聘会请帮手，谁来应聘？

（2）猴哥为什么一个帮手也没请到？

① 师幼讨论，说说猴哥为什么一个帮手都没请到。

② 教师利用课件中猴妈妈说的话引导幼儿努力寻找四个动物的优点，鼓励幼儿使用句型"××的优点是××"表达。

4. 描述优点，匹配岗位

请幼儿根据"小帮手们"的优点与岗位的特点进行连线匹配，并表述匹配的原因。

（1）幼儿连线操作。

（2）教师引导幼儿用句型表述个人观点：××的优点是××，可以当×××。

5. 应聘游戏，了解优点

通过游戏"快乐一叮"让幼儿认识到自己的优点并乐于讲述出来。

（1）举办"招聘会"，向应聘者介绍商业一条街需要帮手的岗位，鼓励幼儿思考各个岗位对应聘者的需求。

（2）鼓励幼儿根据自己的优点说说应聘的理由，只要幼儿说得有理，就可以招聘幼儿，并给幼儿发上岗证。

附：

儿歌：猴哥请帮手

猴哥开个小卖店，各种商品挺齐全。

猴哥从早忙到晚，累得腰疼腿也酸。

猴哥想请小帮手，这个帮手要能干。

猴哥想请小花猫，不行小猫嘴太馋。

猴哥想请小黑猪，不行小猪有点懒。

猴哥想请小青蛙，不行青蛙个子矮。

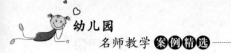
猴哥想请小乌龟，不行乌龟动作慢。

猴哥学会看优点，请的帮手都能干。

高高兴兴挣大钱。

【活动评析】

教师在主题活动开展过程中，能顺应幼儿学习的需要，生成新的活动内容——"猴哥请帮手"，这一点是值得肯定的。教师不断为幼儿创设多说、大胆说的环境与平台，培养幼儿完整讲述的能力。但第一个目标定位欠具体，为了凸显语言活动的特点，让目标更具体、更可测、更科学，编者建议把目标调整为：（1）理解儿歌内容，学习运用"××的优点是××，可以当×××"的句型表达观点；（2）学会看到别人的优点和认识自己的长处。

（该活动案例获佛山市幼儿教育论文课例评选一等奖）

教师围绕《猴哥请帮手》活动开展现场研讨

案例3 大班语言活动：晴天好还是雨天好（辩论）

九江曾秋和纪念学校附属幼儿园 邹嘉慧 叶结梅

【活动来源】

在日常生活中，晴天和雨天是比较常见的现象，不同的天气变化给人们的生活带来了不同的影响。幼儿对发生在身边的事情特别感兴趣，有些幼儿说："我喜欢晴天，因为可以到户外玩游戏。"而有些幼儿认为："雨天好，因为雨天天气凉爽，还可以玩水。"因此，我们以"晴天好还是雨天好"为内容，试图把幼儿零碎的经验整合起来，并针对大班幼儿喜欢辩论及有较强竞争意识的特点，设计了辩论会"晴天好还是雨天好"。

该辩论活动体现了以下优势：

（1）创设具有竞争意识的语言表达环境，支持与吸引幼儿参与活动，综合发展幼儿的思维能力、语言表达能力及培养幼儿良好的倾听习惯。幼儿获得了在众人面前表达个人观点的机会，增强了他们的自信心。

（2）本活动通过"我认为"和"我反驳"等环节引导幼儿陈述自己的观点和反驳对方的观点，有目的地让幼儿从按规则讲过渡到自由讲，适合幼儿语言发展的特点，促进幼儿思维的敏捷性，并有助于逻辑思维及批判性思维能力的培养。

（3）在本次活动中，采用了两位教师合作的形式，更强调教师在活动中的引导、启发作用，对激活幼儿的思维、带动辩论气氛起着促进作用。

【活动目标】

（1）了解晴天和雨天的特点，并知道不同的天气变化给人们的生活带来了不同的影响。

（2）提高完整讲述的能力，培养良好的听说习惯及思维的敏捷性。

（3）大胆地在众人面前表达个人见解，增强自信心。

【活动准备】

教学课件"晴天好还是雨天好"、评分表、计时时钟、晴天和雨天的相关幻灯片。

【活动过程】

（一）观看课件，引出辩题

教师引导幼儿观看教学课件"晴天好还是雨天好"，抛出辩题：晴天好还是雨天好？

幼儿围绕"晴天好还是雨天好"进行分组辩论赛

（二）正反辩论，整合经验

1. 确定正反双方

自由讨论：幼儿根据自己的生活经验，和同伴说说喜欢雨天（或晴天）的原因，确立自己的立场。

2. 进入辩论阶段

第一关：我认为……（陈述自己的观点）

要求：双方在一分钟内用"我认为……，因为……，所以……"的句式来陈述自己的观点，在规定的时间内完整讲述的人数最多的一方为胜方。

第二关：我反驳……（反驳对方的观点）

要求：首先，其中一方说出认为对方不好的观点，另一方进行反驳，然后双方进行依次反驳，最后的反驳者一方为胜方。

3. 宣布比赛结果

（三）再现生活，扩展经验

让幼儿观看有关晴天、雨天的画面，从而认识到所有的天气变化都有正面和负面的影响，知道保持晴天、雨天平衡的重要性。

（四）逆向思考，重塑经验

如果一直是晴天，或者一直都是雨天，会怎样呢？

【活动评析】

晴天和雨天是生活中常见的自然现象，教师的选材源于幼儿生活经验，能激发幼儿表达的愿望；以辩论的形式贯穿，综合运用故事、竞赛、课件"晴天好还是雨天好"、计时时钟、评分表等辅助教学，直观、生动，既有趣味性又有挑战性，能让幼儿在倾听、反驳、争辩中增强语言表达的完整性、条理性，体验语言表达的成功与快乐，培育批判思维；教师在活动前能关注幼儿对晴天和雨天的已有经验，活动中能引入团体意识和环保意识也是教育的价值所在。但面对辩论中幼儿出其不意的话题和词不达意的表达，教师知识的宽度、语言表达的精确度和对辩论过程的驾驭度有待加强。

（该活动案例获第一届南海区学前教育青年教师教学基本功大赛一等奖）

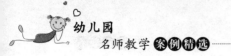

案例4 大班语言活动：谁是小偷（讲述）

桂城丽雅苑英语实验幼儿园   胡文静

【活动来源】

《幼儿园教育指导纲要（试行）》指出："创造一个自由、宽松的语言交往环境，支持、鼓励、吸引幼儿与教师、同伴或其他人交谈，体验语言交流的乐趣，学习使用适当的、礼貌的语言交往。"大班年龄段的幼儿正处于语言表达能力明显提高的时期，他们虽能较系统地叙述生活中的见闻，但在语言概括、表达的逻辑性方面还存在个体差异。如何寻找合适的主题为幼儿创设自由、宽松和想说、敢说的语言交往环境，如何支持、鼓励、吸引幼儿与教师、同伴或其他人交谈，是我一直在思考的问题。

警察叔叔在幼儿的心目中有着高大的形象。生活中，幼儿喜欢用积塑玩具拼成手枪，模仿警察叔叔侦察、抓坏蛋的场景。受此启发，我设计了语言活动"谁是小偷"，引导幼儿在寻找线索的过程中，体验找到小偷的成功感，发展其推理判断能力和主动、大胆用语言表达的能力。

【活动目标】

（1）学习运用"因为……，所以……"进行表述。

（2）大胆猜测并表达自己的想法。

（3）体验发现线索的兴奋感和找到小偷的成功感。

【活动准备】

（1）材料准备：动物图片若干、多媒体课件、黑板。

（2）经验准备：幼儿对警察的工作任务和工作目的有一定了解。

【活动过程】

（一）介绍案情，引发破案动机

森林警察局接到鸡妈妈的报案电话，播放多媒体课件，引导幼儿观察，寻找破案线索。

师：现在我们应该怎么做？对了，我们现在到鸡妈妈的家查看现场的情况，注意一定要仔细观察（幼儿观察）。

（二）讨论线索，初步猜测谁是小偷

师：你发现了什么线索？（幼儿分享观察结果）那么小偷会是谁呢？（幼儿自由猜测，同时教师出示多媒体课件中的动物图片。）

师：你认为谁会是小偷，为什么？请用"因为……所以……"说出你的猜测。

幼儿在猜测谁是小偷

（三）分组讨论，帮助小偷改邪归正

1.分组讨论，寻找更有力的证据

师：这样还不够充分，我们要有更多、更有力的证据，才能找出真正的小偷！请小朋友分组讨论一下，仔细寻找证据（幼儿分组讨论）。

教师巡回关注，引导幼儿大胆猜测，及时鼓励敢于表达的幼儿。

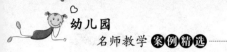

2. 锁定作案嫌犯，了解作案动机

幼儿发现鸡妈妈家的窗户前有一个影子，通过猜测、讨论，最终发现小偷是小猪。"警察"破案成功，小猪向大家道歉，并说明偷东西的原因。

3. 引出问题，帮助小猪改邪归正

教师引导幼儿讨论：小猪想吃鸡妈妈的东西时应该怎么做？帮助幼儿思考如何在不伤害他人的情况下满足自己的欲望。

师：小猪用偷这种方式对不对？想吃鸡妈妈的东西，小猪应该怎么做？

【活动评析】

幼儿的语言能力是在交流与运用过程中发展起来的。教师应为幼儿创设语言交往环境，拓展生活经验，丰富语言的内容，增强理解和表达能力。本活动中，教师把握住幼儿好发问、爱探索和喜欢当警察的特点，以破案为线索，创设了"警察抓小偷"的情景，并根据幼儿的理解水平有意识地使用一些反映因果、假设、条件等关系的句子，诱发幼儿想说的内在动机，让幼儿在"查找线索—大胆猜想—寻求帮助—分组讨论"中发展语言表达能力和对事物的观察推理能力，拓展了生活经验，培养了认真专注、乐于想象、敢于探究等宝贵品质，这是值得肯定的。鉴于这是一个以"破案"为线索的活动，教师在"案发现场"引导幼儿观察时，应传授一些观察的方法，锻炼幼儿的观察能力，这样更能体现教育的严谨性和整合性。

（该活动案例获第一届南海区学前教育青年教师教学基本功大赛一等奖）

案例5 大班语言活动：奇趣职业介绍所（讲述）

南海区机关第二幼儿园 何 珊

【活动来源】

热爱动物是幼儿的天性。在近期进行的主题活动"可爱的动物"中，幼儿了解到许多动物的特性和习性，对动物表现出浓厚的兴趣，他们主动阅读了大量关于动物的书籍。在与幼儿共同阅读的过程中，我发现在童话书里，许多动物被赋予了人类的职业，如鸭子游泳教练、黑猫警长，而这些都与它们的特性有关。大班幼儿在日常生活、角色游戏中已经对成人社会中的不同职业有了一定程度的认识。于是，我从众多的动物中筛选出了幼儿熟悉、喜爱，且有着鲜明外形特征的小螃蟹等动物形象，让幼儿在了解动物的特性和习性的基础上，进一步正确理解动物特性与人类职业的相关性，并运用现代化教学手段，将教学内容的声、情、意、色直接作用于幼儿的多种感官，在游戏的情境中促进幼儿语言表达能力的发展。

【活动目标】

（1）理解动物特性与人类职业的相关性。

（2）能根据自己的生活经验，大胆、清楚地说出自己的想法，体验语言交流的乐趣。

（3）知道坚持不懈就会成功，体验助人为乐。

【活动准备】

（1）材料准备：电脑、多媒体课件；操作练习纸和笔；图片。

71

（2）经验准备：在日常生活、角色游戏中已经对成人社会中的不同职业有了一定程度的认识。

【活动过程】

1. 介绍招聘岗位，引起幼儿兴趣

师：动物园里新开了一家职业介绍所，我们一起来看看职业介绍所里都有什么岗位吧。（播放多媒体课件，介绍招聘岗位：游泳教练、粮仓保管员、交通灯电工和裁缝师傅。）

动物园里的职业介绍所

2. 了解应聘情况，合理匹配岗位

（1）分别展现每个动物与工作的错误搭配。

师：有小动物来应聘了，我们看看它们都找了什么工作呢？

课件：小猫应聘了游泳教练、螃蟹应聘了粮仓保管员、小鸭应聘了交通灯电工、小猴应聘了裁缝师傅。

（2）幼儿根据自己已有的经验，判断小动物的工作是否合适。

师：你觉得小动物找的工作都适合它们吗？它们有没有按工作要求去选择？

（3）小组讨论，为小动物找到合适的工作，并说明换工作的原因。

师：小朋友都认为不适合，我们给它们再重新找一份适合它们的工作吧。请小朋友分组讨论，并在操作练习纸上将小动物和适合它们的工作连线。

幼儿操作结束后，让幼儿说说自己如何为小动物找到合适的工作。

3. 帮助迁移经验，应聘合适工作

师：我们也来找工作，你们看画家、医生、宇航员、老师、总经理等岗位都来招聘人员啦，你们有些什么本领呢？小朋友，你们也来想一想，为自己找一份合适的工作吧。

【活动评析】

该活动以职业介绍这一社会生活为切入点，利用动物与工作的错误搭配引发幼儿的认知冲突，通过创设看看、听听、说说、做做的语言环境，让幼儿根据自己对动物生活习性的了解，有理有据地为小动物介绍合适的工作。值得注意的是，目标1和目标3更倾向于社会领域的学习与发展目标，且目标可测性也不强，导致教学过程中对幼儿语言能力的发展聚焦过少。这是青年教师容易犯的通病，建议青年教师在设计综合活动时，认真思考活动目标并设定"重点领域"，以便更有效地聚焦于活动目标的达成。

（该活动案例获第一届南海区学前教育青年教师教学基本功大赛二等奖）

案例6　大班语言活动：新龟兔赛跑（故事创编）

狮山松岗中心幼儿园　朱颖芬

【活动来源】

《龟兔赛跑》是一个幼儿十分喜爱的故事，故事中乌龟的努力、谦虚、不怕困难和兔子的骄傲自满形成了鲜明的对比，也给幼儿留下了很深刻的印象。乌龟虽然走得慢，但它坚持到底并赢得比赛的故事结局，让幼儿明白坚持不懈才能获得胜利的道理。但是，传统的故事幼儿已经非常熟悉，既定的结局也不利于幼儿创造性思维的发展，因此，我设计了"新龟兔赛跑"这个活动，通过创设情境、提供线索，采用分组竞赛的形式，鼓励幼儿积极思考，大胆想象，乐于表达，从而促进幼儿创造性思维和口语表达能力的发展。

【活动目标】

（1）能根据故事线索大胆想象，积极讲述自己的想法。

（2）注意倾听同伴的发言，并尝试进行分析与评价。

【活动准备】

（1）材料准备：故事动画片、乌龟和兔子比赛的路线图、黑板、欢庆音乐。

（2）经验准备：幼儿已经听过故事《龟兔赛跑》。

【活动过程】

（一）观看《龟兔赛跑》，激发讲述兴趣

1. 导入活动

师：你们听过《龟兔赛跑》的故事吗？兔子跑得那么快，但还是输了比赛，它的心情会怎样呢？

2. 观看故事动画片，引导幼儿简单复述故事内容

师：（1）兔子输了比赛，它怎么样了？

（2）兔妈妈是怎样安慰它的？

（3）兔子听了妈妈的话，决定怎样做？

（二）了解路线，大胆想象并讲述龟兔第二次赛跑的过程

1. 播放课件，观看龟兔第二次赛跑的路线图

（1）师：兔子邀请了乌龟和它进行第二次比赛，这一次比赛它们要经过四个地方："黑森林""大雾山""悬崖""城市"，最后到达终点"麦当劳"。

（2）师："黑森林"这个地方有什么特点？乌龟和兔子要经过这个地方可能会遇到什么危险和困难？

幼儿描述龟兔第二次赛跑的路线图

（3）教师以同样的提问引导幼儿继续分析"大雾山""悬崖""城市"的特点和乌龟、兔子可能遇到的困难。

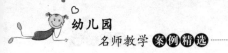
2. 引导幼儿根据自己的意愿进行分组

师：乌龟和兔子都想赢得这次比赛，但它们还没有想到通过这四个地方的方法，小朋友愿意帮助它们吗？如果你支持乌龟，请你来乌龟组这边；如果你支持兔子，请你去兔子组那边。

3. 引导幼儿大胆想象并讲述龟兔通过四关的方法，尝试对同伴的发言进行分析与评价

（1）教师讲解比赛规则：乌龟组和兔子组的幼儿轮流发言，每次可以说一个过关的方法，如果说出来的方法得到大家的同意，那乌龟或兔子就可以在路线图上前进一步，最快到达"麦当劳"的那一组就获得胜利。

（2）师：乌龟和兔子来到了"黑森林"，它们用什么办法可以安全、顺利地通过呢？刚才小朋友说的方法可不可以？为什么？还有不一样的方法吗？

（3）教师以同样的提问引导幼儿继续讲述龟兔通过"大雾山""悬崖"和"城市"的方法。

（三）结伴讲述，完整创编故事

（1）幼儿与同伴之间相互讲述乌龟或兔子通过四关的完整过程。

师：刚才，小朋友帮乌龟和兔子想了很多过关的方法，现在请你用上你觉得最好的方法，跟你旁边的小朋友说一说乌龟或兔子是怎样到达终点的，看谁说得最好。

（2）乌龟组和兔子组各派一个代表完整讲述故事。

（四）讨论输赢，重视比赛过程，理智看待比赛结果

1. 抛出问题，讨论输赢

师：今天，兔子组和乌龟组想的方法都很好，在小朋友的帮助下，谁赢了？结果重要吗？

2. 引导幼儿重视比赛过程，理智看待比赛的结果

小结：是否赢得比赛并不重要，最重要的是我们在比赛中要认真和坚持到底，遇到困难能积极想方法解决。这样，无论比赛的结果怎样我们都会有进步。

3. 一起跳舞庆祝，结束活动

师：乌龟和兔子要在"麦当劳"开庆祝舞会啦！我们也一起参加吧！

【活动评析】

教师以幼儿熟悉的故事《龟兔赛跑》引入，通过创设闯关情景、提供线索、分组竞赛等形式，组织了"新龟兔赛跑"活动，支持并鼓励幼儿积极思考、大胆想象、乐于表达，基本把握了语言教学活动的要求。另外，教师能结合大班幼儿的年龄特点和生活认知来反思活动过程，重视幼儿坚持、自信、不怕困难、如何看待输赢等品质教育的渗透，也体现了教师关注幼儿学习与发展的整体性。但活动设计缺乏严谨性，如：情感目标在活动设计上没有体现。此外，选择"黑森林""大雾山""悬崖""城市"，其价值取向在哪里？合情合理吗？值得深思。

（该活动案例获第一届南海区学前教育青年教师教学基本功大赛二等奖）

活动后延伸到"语言活动区"体验续编故事

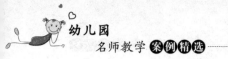

案例7 中班语言活动：逛超市（讲述）

大沥黄岐南光中英文幼儿园　高　嫦

【活动来源】

近段时间我特别留意幼儿的语言发展状况，在一次活动中，我发现幼儿交谈时有量词使用不当的情况。于是，我找了一首关于量词的儿歌《十字歌》引导幼儿学习，但效果不明显，幼儿对量词的理解仍不够深入。怎么办呢？针对这样的情况，我设计了本次活动。

【活动目标】

（1）加深幼儿对量词的理解，尝试使用正确的量词表达。

（2）发展幼儿的口语表达能力与交往能力。

【活动准备】

（1）材料准备：抽奖箱一个、各种图卡（含同一物体有不同的量词），图卡上的内容有用的、吃的、玩的等，并用四种颜色涂上边框装饰。

（2）经验准备：幼儿已学会念儿歌《十字歌》。

【活动过程】

（一）《十字歌》导入，感受量词

师：小朋友，你们喜欢逛超市吗？今天，高老师和小朋友一起逛超市。超市真热闹，现在我们一起去看一看，玩一玩吧！（放轻音乐进入活动室。）

（1）引出量词：老师带领幼儿来到超市门口。

师：超市的名称叫什么？（十字歌）儿歌《十字歌》你们也会念，我们一起念给大家听听（幼儿念儿歌）。刚才老师听到你们念一头，二匹，三条，四只……的头、匹、条、只……是什么词？

（2）今天逛超市，我们一起玩量词游戏。

（抓住幼儿的兴趣点，引入活动，幼儿兴趣浓、注意力集中，教师能巧妙地利用超市名称引出量词，让幼儿及时回忆已有经验，并知道自己要学习什么新内容。）

（二）游戏激趣，学习使用正确的量词

师：小朋友，今天超市里搞抽奖活动，工作人员给了一个抽奖箱，想考一考你们，我们一起看看里面有什么。

1. 玩抽奖游戏，学习使用不同的量词

出示抽奖箱，里面装有各种礼物（物品图卡），教师抽一张图卡出来，幼儿尝试说出量词，然后请幼儿抽一张图卡，其他幼儿说出量词。（抽奖箱里面的礼物图卡是针对幼儿在日常生活中容易用错的和较难使用的量词而筛选出来的。）

（体现师幼之间的互动，幼儿很自然地进入学习的过程中。教师利用抽奖箱的神秘，吸引了幼儿的注意力，在这个时候也能及时引导幼儿正确使用量词。）

2. 创设疑问，学习使用不同的量词表达不同数量的同一种物品

师：很多小朋友都得到了超市的礼物，老师这里也有礼物，你们看看这两份礼物。

教师出示内容分别为一只鞋和一双鞋的两张图卡。（提问个别幼儿）原来，鞋可以用不同的量词来表示。

教师又及时出示几份礼物（同一物品能使用不同的量词，如一个西瓜、一块西瓜，一张纸、一叠纸等）一起探讨学习。

（教师能巧妙地突破活动的难点，让幼儿从已有知识出发，去接受新知识，幼儿学得开心，说得开心，玩得开心。）

3. 结对游戏，同伴合作巩固学会的量词

幼儿两两一组，利用礼物图卡互相说一说量词。

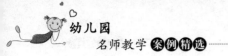

师：老师还有更多的礼物图卡，请你找一个朋友，拿一叠卡片说一说应该使用什么量词。（一个幼儿出示图卡，另一个幼儿说量词，然后互换角色继续游戏。）

教师巡回关注幼儿对量词的掌握情况，发现幼儿较难把握的量词，在小结阶段组织幼儿讨论，鼓励能使用正确量词表达的幼儿大胆说出自己的想法，确认正确的说法。

（创设了良好的学习环境，让每一位幼儿都有说的机会、大胆表达的机会。幼儿在互相说量词的过程中互相学习，互相渗透知识并得到高效验证。）

（三）模拟情境，再次巩固量词

师：小朋友，我们一起去逛超市吧！看一看、说一说有什么物品，想一想怎样制定我们的游戏规则。

（1）布置成各种商店（有各种物品图卡）。

（2）每人准备一个小托盘及购物券（红黄蓝绿四种颜色的图卡）。

幼儿在模拟超市通过买东西学习量词

（3）一起制定游戏规则。

师：小朋友，今天我们开设的商店有许多物品，那么，玩游戏之前，你们怎样定出游戏规则？

（4）幼儿手持购物券进行购买游戏活动。

（通过师幼互动，幼儿根据自己已有的经验定出了各种游戏规则，而在游戏的过程中幼儿能自觉遵守自己设定的规则，让幼儿真正成为学习的主人。）

【活动评析】

这是一个根据本班幼儿已有经验随机生成的语言教育活动，教师在教学活动中有几点值得肯定：（1）活动目标具体可测，并由浅入深分解到活动各环节中；（2）运用设置"逛超市"生活情境、玩抽奖游戏、创设疑问、结对游戏等多种策略支持幼儿学习；（3）运用集体、小组、个别等多种组织形式开展活动；（4）充分体现了幼儿是学习的主人，活动中教师关注细节，每个幼儿都有机会表达自己的想法，并且引导幼儿自己尝试制定游戏规则。

值得注意的是，教师在活动设计初期，并没有主动思考活动重点和难点。因此活动组织面面俱到，又难以有效地达成活动目标。经过研讨后，教师将活动的重难点梳理清晰，活动开展变得顺畅而有成效。可见，活动重难点的梳理在青年教师教学活动设计中有着非常重要的作用。

（该活动案例获第一届南海区学前教育青年教师教学基本功大赛二等奖）

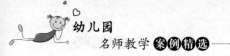

案例8 中班语言活动：吃吃、玩玩、讲讲（讲述）

丹灶中心幼儿园　黄丽芬

【活动来源】

语言教育的方式灵活多样，种类也数不胜数，在生活中无处不在。而幼儿园的语言活动则是教育者为幼儿创设的一个良好的、有目的的说话环境，并且鼓励幼儿与教师之间、幼儿与幼儿之间主动交流、积极合作。对幼儿来说，在吃吃玩玩的过程中学习是一件很快乐的事情。利用幼儿的这种年龄特点，我设计了本次活动，既能激发幼儿积极用语言表达的兴趣，又能使幼儿的想象力、创造力、表现力得到充分发挥。

【活动目标】

（1）对不同形状的食物进行创造性想象，尝试创编不同的小故事。

（2）清楚、完整地表达自己的想法，发展幼儿的口语表达能力。

（3）能主动、积极地参与活动，体验创编故事的乐趣。

【活动准备】

（1）材料准备：各种食物若干、KT板20块、教师"食物造型"示范图。

（2）场地准备：桌子分4小组。

【活动过程】

1. 食物联想会——激发想象，鼓励表达

（1）教师出示一块圆形的饼干，引导幼儿发挥想象。

（2）要求幼儿用"圆圆的饼干像……"说出自己的想象。

2. 食物变魔术——层层递进，深入表达

（1）教师示范咬饼干一口，引导幼儿观察。要求幼儿用"啊呜一口，变成了……"造句。

（2）引导幼儿在句子中加上形容词。如："啊呜一口，变成了尖尖的小船……"

（3）引导幼儿说一段话。

① 幼儿操作：每位幼儿有两块不同形状的饼干，让幼儿用吃的方法改变饼干的形状，自由拼一拼，并使用完整的句子说一说。

② 小结分享：教师邀请部分幼儿在集体前介绍自己的小创意，鼓励幼儿大胆表达。

3. 食物拼故事——分组合作，创编故事

幼儿在讲述自己的故事

（1）教师出示示范图，利用食物图编讲故事《龟兔赛跑》。

（2）幼儿分组进行操作，利用食物拼出食物图并合作创编一个故事。

（3）请幼儿互相交流，分享作品和故事。

【活动评析】

这是一个围绕不同食物进行创造性想象的讲述活动，教师以幼儿喜欢的食物为载体，以吃、玩、讲为主线，通过改变食物形状联想讲述、增添形容词讲述、不同形状食物拼图讲述等策略的运用，充分调动幼儿的各种感官进行感知、操作、体验，让幼儿在吃吃、玩玩、讲讲的宽松环境中，在与教师、同伴的互动交流中发展口头表达能力和想象力。活动目标清晰，手段形式多样，目标分解由浅入深、环环相扣，美术融合顺理成章，活动设计较为严谨。但活动中教师主要是以食物形状的想象来使幼儿展开讲述的，如能增加食物味道、食物颜色等要素，就能使幼儿讲述的内容更丰富，提供更多讲的机会。另外，教师评价语言的多元化、卫生习惯的养成都是本活动不容忽视的问题。

（该活动案例获第一届南海区学前教育青年教师教学基本功大赛二等奖）

2011年请台湾阅读推广人方素珍老师做绘本阅读培训

案例9 小班语言活动：我会跳（故事）

丹灶中心幼儿园 林业珍

【活动来源】

小班幼儿在遇到困难和问题时，往往缺乏自信心，教师和家长们不断地鼓励，耐心地引导，能帮助幼儿树立起自信心，对幼儿的成长非常重要。我根据小班幼儿的年龄特点设计了本次活动，希望通过故事里面小蝌蚪的成长经历，启发幼儿懂得：在学习、生活中，我们也会像小蝌蚪那样，遇到许多困难和挫折，但是，只要我们认真学习，坚持不懈，我们就能学到许多本领，慢慢地长大。这个活动有助于培养幼儿的自信心，促进幼儿健康成长。

【活动目标】

（1）理解故事内容，了解青蛙的生长变化。

（2）启发幼儿学习小蝌蚪努力、坚持不懈的精神。

【活动准备】

（1）材料准备：故事、小字卡人手一份，大图书、录音带、大字卡一份，青蛙头饰，小蝌蚪头饰若干。

（2）经验准备：幼儿听过故事《小蝌蚪找妈妈》，认识小蝌蚪。

【活动过程】

（一）游戏引入，激发兴趣

（1）教师戴青蛙头饰，幼儿当小蝌蚪，念儿歌玩游戏"小蝌蚪找妈妈"，小蝌蚪儿小尾巴，游来游去找妈妈，"妈妈，妈妈，你在哪？" "来了，来了，我来啦！"来了一只大青蛙。

（2）思考：小蝌蚪找到了妈妈，后来又会发生什么样的故事呢？

（二）阅读故事书，初步了解故事的内容

（1）幼儿自由阅读，教师提示幼儿观察小蝌蚪成长中的变化。

（2）鼓励幼儿大胆讲述自己看到的故事内容。

提问：故事里面有谁？最后小蝌蚪变成了谁？

教师和幼儿一起分享小蝌蚪成长的故事

（三）分页阅读，理解小蝌蚪努力学习与受到的鼓舞

（1）小蝌蚪努力学习跳。

①小蝌蚪想干什么？它能跳到荷叶上吗？

②学一学小蝌蚪努力跳的样子。

③小蝌蚪不会跳，它心里感觉怎么样？

（2）青蛙妈妈的话：青蛙妈妈对它说了什么？小蝌蚪是怎么做的？

（3）动物们的鼓励：小蝌蚪遇到了什么动物？它们都说了什么话？小朋友一起来说说。

（4）小蝌蚪的成长。

①小蝌蚪又碰到了谁？发生了什么事情？

②小蝌蚪怎么办？认读字卡"拼命"。

③小蝌蚪最后怎么样？现在它和妈妈长得一样吗？请你来学习小青蛙跳。

小结：小蝌蚪努力学习，终于学会了本领。我们小朋友也像小蝌蚪，只要有信心，认真学习，我们就能学到许多本领，慢慢地长大。

（四）角色体验，感受得到鼓励和学习的快乐

幼儿当小蝌蚪，教师和配班老师分别扮演青蛙妈妈、小兔子和小松鼠进行游戏，体验小蝌蚪受到鼓励的感受。

小结：宝宝今天像小蝌蚪一样认真、努力地学本领，表现太棒了，今天活动后，把你学到的本领告诉爸爸妈妈吧。

（五）活动延伸

1. 园内延伸

户外活动进行"小蝌蚪找妈妈"的游戏。

2. 家庭延伸

爸爸妈妈和幼儿一起阅读故事，给幼儿更多的鼓励。

【活动评析】

这是一个为培养幼儿自信心、感受成长乐趣而引发的阅读活动。活动中，教师很好地利用了小班幼儿喜爱小动物、爱玩游戏的特点，通过分页阅读、情境对话、角色体验等策略，为幼儿创设了自由、宽松的语言交流环境，并在游戏情境和阅读分享中引导幼儿自然而然地产生对文字的兴趣。整个活动选材适宜、目标明确、问题简单易懂，较好达成了目标。但小班幼儿注意力持续时间短，教师要注意合理分配好自由阅读时间，以生动有趣的方法层层递进地吸引幼儿，减少幼儿在学习过程中不必要的等待。

（该活动案例获南海区幼儿教育活动案例评选二等奖）

第三章

社会教育

　　幼儿园社会教育是通过各类活动增强幼儿的自信，培养幼儿乐群友好的态度和行为的教育。幼儿社会学习往往渗透于幼儿一日生活的各个环节并融合在各种学习活动中，它是一种跨越不同领域的综合学习。社会学习具有潜移默化的特点，尤其是社会态度和社会情感的学习，它们往往不是教师直接教的结果，而是幼儿在实际生活和活动中体验并积累相关经验而获得的。模仿是幼儿社会学习的重要方式，教师和家长是幼儿社会学习的重要影响源。教师和家长的言行举止直接、间接地影响着幼儿，构成他们学习的榜样。因此成人要注意自己的言行，为儿童提供良好的榜样。

　　本章从幼儿的学习与发展、学习与发展目标和教学案例精选三个部分进行阐述，让教师能从理念、目标、实操全方位了解社会教育的开展。

第一节 幼儿的学习与发展

　　《3～6岁儿童学习与发展指南》中指出，幼儿社会领域的学习与发展过程是其社会性不断完善并奠定健全人格基础的过程。人际交往和社会适应是幼儿社会学习的主要内容，也是其社会性发展的基本途径。幼儿在与成人和同伴交往的过程中，不仅学习如何与人友好相处，也在学习如何看待自己、对待他人，不断发展适应社会生活的能力。良好的社会性发展对幼儿身心健康和其他各方面的发展都具有重要影响。

　　家庭、幼儿园和社会应共同努力，为幼儿创设温暖、关爱、平等的家庭和集体生活氛围，建立良好的亲子关系、师生关系和同伴关系，让幼儿在积极、健康的人际关系中获得安全感和信任感，发展自信和自尊，在良好的社会环境及文化的熏陶中学会遵守规则，形成基本的认同感和归属感。

第二节 学习与发展目标

一、人际交往

目标1：愿意与人交往。

3~4岁	4~5岁	5~6岁
（1）愿意和小朋友一起游戏 （2）愿意与熟悉的长辈一起活动	（1）喜欢和小朋友一起游戏，有经常一起玩的小伙伴 （2）喜欢和长辈交谈，有事愿意告诉长辈	（1）有自己的好朋友，也喜欢结交新朋友 （2）有问题愿意向别人请教 （3）有高兴的或有趣的事愿意与大家分享

目标2：能与同伴友好相处。

3~4岁	4~5岁	5~6岁
（1）想加入同伴的游戏时，能友好地提出请求 （2）在成人指导下，不争抢、不独霸玩具 （3）与同伴发生冲突时，能听从成人的劝解	（1）会运用介绍自己、交换玩具等简单技巧加入同伴游戏 （2）对大家都喜欢的东西能轮流、分享 （3）与同伴发生冲突时，能在他人帮助下和平解决 （4）活动时愿意接受同伴的意见和建议 （5）不欺负弱小	（1）能想办法吸引同伴和自己一起游戏 （2）活动时能与同伴分工合作，遇到困难能一起克服 （3）与同伴发生冲突时能自己协商解决 （4）知道别人的想法有时和自己不一样，能倾听和接受别人的意见，不能接受时会说明理由 （5）不欺负别人，也不允许别人欺负自己

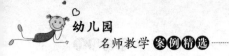

目标3：具有自尊、自信、自主的表现。

3～4岁	4～5岁	5～6岁
（1）能根据自己的兴趣选择游戏或其他活动 （2）为自己的好行为或活动成果感到高兴 （3）自己能做的事情愿意自己做 （4）喜欢承担一些小任务	（1）能按自己的想法进行游戏或其他活动 （2）知道自己的一些优点和长处，并对此感到满意 （3）自己的事情尽量自己做，不愿意依赖别人 （4）敢于尝试有一定难度的活动和任务	（1）能主动发起活动或在活动中出主意、想办法 （2）做了好事或取得了成功后还想做得更好 （3）自己的事情自己做，不会的愿意学 （4）主动承担任务，遇到困难能够坚持而不轻易求助 （5）与别人的看法不同时，敢于坚持自己的意见并说出理由

目标4：关心尊重他人。

3～4岁	4～5岁	5～6岁
（1）长辈讲话时能认真听，并能听从长辈的要求 （2）身边的人生病或不开心时表示同情 （3）在提醒下能做到不打扰别人	（1）会用礼貌的方式向长辈表达自己的要求和想法 （2）能注意到别人的情绪，并有关心、体贴的表现 （3）知道父母的职业，能体会到父母为养育自己所付出的辛劳	（1）能有礼貌地与人交往。 （2）能关注别人的情绪和需要，并能给予力所能及的帮助 （3）尊重为大家提供服务的人，珍惜他们的劳动成果 （4）接纳、尊重与自己的生活方式或习惯不同的人

二、社会适应

目标1：喜欢并适应群体生活。

3～4岁	4～5岁	5～6岁
（1）对群体活动有兴趣 （2）对幼儿园的生活好奇，喜欢上幼儿园。	（1）愿意并主动参加群体活动 （2）愿意与家长一起参加社区的一些群体活动	（1）在群体活动中积极、快乐 （2）对小学生活有好奇和向往

目标2：遵守基本的行为规范。

3～4岁	4～5岁	5～6岁
（1）在提醒下，能遵守游戏和公共场所的规则 （2）知道不经允许不能拿别人的东西，借别人的东西要归还 （3）在成人提醒下，爱护玩具和其他物品	（1）感受规则的意义，并能基本遵守规则 （2）不私自拿不属于自己的东西 （3）知道说谎是不对的。 （4）知道接受了的任务要努力完成 （5）在提醒下，能节约粮食、水电等	（1）理解规则的意义，能与同伴协商制定游戏和活动规则 （2）爱惜物品，用别人的东西时也知道爱护 （3）做了错事敢于承认，不说谎 （4）能认真负责地完成自己所接受的任务 （5）爱护身边的环境，注意节约资源

目标3：具有初步的归属感。

3～4岁	4～5岁	5～6岁
（1）知道和自己一起生活的家庭成员及与自己的关系，体会到自己是家庭的一员 （2）能感受到家庭生活的温暖，爱父母，亲近与信赖长辈 （3）能说出自己家所在街道、小区（乡镇、村）的名称 （4）认识国旗，知道国歌	（1）喜欢自己所在的幼儿园和班级，积极参加集体活动 （2）能说出自己家所在地的省、市、县（区）名称，知道当地有代表性的物产或景观 （3）知道自己是中国人。 （4）奏国歌、升国旗时能自动站好	（1）愿意为集体做事，为集体的成绩感到高兴 （2）能感受到家乡的发展变化并为此感到高兴 （3）知道自己的民族，知道中国是一个多民族的大家庭，各民族之间要互相尊重，团结友爱 （4）知道国家一些重大成就，爱祖国，为自己是中国人感到自豪

以上摘自《3～6岁儿童学习与发展指南》

第三节　教学案例精选

案例1　大班社会活动：你喜欢喜羊羊还是灰太狼

丹灶中心幼儿园　潘俊玲

【活动来源】

班杜拉的社会学习理论表明，人的行为，特别是人的复杂行为主要是后天习得的。其中一种行为习得就是通过观察示范者的行为而习得行为的过程，即我们所说的间接经验的学习。

动画片是幼儿喜闻乐见的形式，幼儿看动画片时，能基本了解不同角色的性格特点和行为模式，因此，他们在看了动画片之后，很容易模仿角色的语言或者行为。幼儿常常边看动画片，边进行间接经验的学习。作为教师，我们有必要引导幼儿理性看待不同角色的特点，帮助幼儿从认知上分析哪些行为是合适的，哪些行为是不合适的，同时，尝试换位思考，进而逐步欣赏别人的优点和理解别人的品质。

动画片《喜羊羊与灰太狼》深受幼儿喜欢。它的故事简单而有趣，角色性格特点鲜明，很适合作为与幼儿讨论的话题。本活动旨在将动画片的美好精神延续到幼儿真实的世界里，让幼儿学习客观评价，并尝试理解他人。

【活动目标】

（1）学习客观评价，学习理解别人。

（2）大胆用完整、简洁的语言表达自己的观点。

【活动准备】

（1）材料准备：动画片《喜羊羊与灰太狼》的片段。

（2）经验准备：幼儿们观看过《喜羊羊与灰太狼》的动画片，对角色的性格特点有初步的了解。

【活动过程】

（一）动画导入，引出话题

幼儿观看《喜羊羊和灰太狼》

幼儿观看短片，教师提问："你喜欢喜羊羊还是灰太狼？"

（二）寻找不同角色的优点和缺点，学习理解别人

1. 分别说说喜羊羊和灰太狼的优点

喜欢喜羊羊和喜欢灰太狼的幼儿自由分成两组进行辩论赛，讲述为什么喜欢喜羊羊，为什么喜欢灰太狼，要求幼儿使用"我喜欢……，因为……"这个句型来说。每组幼儿每讲出一个自己所喜欢的动物的优点就可以为自己组加一分，得分多者获胜。

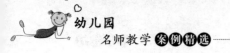

2. 互相讲述喜羊羊、灰太狼的缺点

幼儿分别对对立方进行反驳辩论，讲述为什么不喜欢喜羊羊，为什么不喜欢灰太狼，要求使用"我不喜欢……，因为……"这个句型来说。

小结：原来站在不同的角度思考，会发现喜羊羊和灰太狼都有不少优点和缺点。有些时候，优点会变成缺点，有些时候，缺点也可能变成优点。我们既要欣赏他们的优点，也要理解他们的缺点。

【活动评析】

人际交往是幼儿社会学习的主要内容之一，也是幼儿社会性发展的基本途径。幼儿在与同伴的交往中，不仅要学习如何与人友好相处，也要学习如何看待自己、对待他人，不断发展适应社会生活的能力。《3～6岁儿童学习与发展指南》在幼儿人际交往的目标中提出，幼儿能与同伴友好相处。5～6的岁幼儿知道别人的想法有

教师在教学活动后开展研讨

时和自己不一样，能倾听和接受别人的意见，不能接受时会说明理由。本活动选材贴近幼儿的生活，借助幼儿喜欢的动画片引导幼儿思考，采用大班幼儿最喜欢的竞赛游戏，加入辩论的形式，层层递进地达成理解别人与表达自己的目标。该活动选材新颖，条理清晰，活动策略有效性强，活动目标达成度高。一开始，当幼儿发现彼此之间观点不同时，他们有点激动。在教师的引导下，幼儿逐渐发现对方的观点也有道理，因此慢慢学会理解对方的观点，在表达自己观点的时候也越来越客观。幼儿在活动中积极、大胆地说出自己的见解，他们纯真直率的想法和表达让在场的教师掌声不断。相信幼儿，给幼儿足够的表达机会，幼儿也会给我们一份精彩。

（该活动案例获佛山市幼儿教育论文及案例评比活动一等奖）

案例2 大班社会活动：狮乐

西樵中心幼儿园 黄 静

【活动来源】

《幼儿园教育指导纲要（试行）》在社会领域的内容与要求中提出，幼儿园应充分利用社会资源，引导幼儿感受祖国文化的丰富与优秀，感受家乡的变化和发展，激发幼儿爱家乡、爱祖国的情感。

最近，我发现幼儿特别喜爱舞狮子，每次观看完舞狮子表演后，幼儿都津津乐道。因此，我设计了本次活动，从幼儿的兴趣点着手，结合南海本土特色，通过观看视频、欣赏现场表演、亲身舞狮等形式感受舞狮的乐趣。为了更真实地展示南狮的风采，我特别邀请专业人员走进课堂讲解，让幼儿进一步认识南狮，喜爱南狮，从而激发幼儿对家乡传统狮艺的喜爱之情。

【活动目标】

（1）通过观看、欣赏、参与，初步了解南狮的来历、外形以及舞狮子的简单动作。

（2）激发幼儿对传统狮艺的喜爱之情。

【活动准备】

（1）材料准备：多媒体课件、五幅狮子拼图、舞狮子所需道具、自制狮子若干、舞狮的音乐。

（2）经验准备：幼儿已有观看舞狮表演的经验。

（3）人员准备：两位专业的舞狮人。

【活动过程】

（一）拼狮乐，激发对舞狮的兴趣

请幼儿玩舞狮子的拼图游戏，激发幼儿对舞狮子的兴趣。

（二）赏狮乐，了解舞狮的文化

1. 观察舞狮子视频表演，交流分享

（1）欣赏视频：你们想看舞狮表演吗？下面我们来欣赏一段舞狮子的视频。

（2）交流分享：你们觉得哪里最精彩？

小结：这场舞狮子是在西樵山举办的舞狮大赛中的表演，这些都是南狮，也叫醒狮，是南方的狮子。

（3）拓展经验：你们还在哪里见过舞狮子？

幼儿学习舞狮的步法

2. 了解舞狮子的来历

看课件，听故事。提问：为什么到现在，人们还保留着舞狮子的习俗呢？

原来，在古代的时候，人们舞狮子是为了驱赶年兽，流传到现在，已经成了一种风俗习惯，人们认为舞狮子可以消除灾害，为我们带来吉祥如意。现在，凡是大型活动的开场仪式、店铺开张、大型晚会的表演，以及逢年过节等喜庆的日子都会舞狮子，像佛山、南海还把舞狮子作为体育竞技的项目，每年都会举办各种舞狮比赛。

小结：舞狮子有消灾除害、吉祥如意的寓意。

3. 欣赏现场狮艺表演

（1）请狮艺队哥哥现场表演舞狮子。

（2）与哥哥交流，初步感受南狮精神。

（3）提问：

① 你们的表演这么精彩，是怎样练成的？

② 舞狮子那么辛苦，为什么你们还能坚持下来呢？

小结：舞狮子要经过长年不怕苦不怕累、坚持不懈的训练，是一件虽然辛苦但快乐的事，能强身健体，锻炼人的意志。

4. 近距离观察南狮的外形特点

（1）摸一摸，看一看，认真观察南狮的外形。指导语：你发现了什么？

（2）交流分享南狮的外形特征：夸张、生动。

5. 欣赏各种南狮图片，感受南狮的色彩斑斓

自主观察：以"小导游"引入，让幼儿自主发现这些南狮有哪些特点。

小结：南狮不仅舞起来威风，而且做工和用料都特别讲究，色彩斑斓，舞起来威风极了。

（三）舞狮乐，感受舞狮的乐趣

（1）狮艺队哥哥示范舞狮子的简单动作。

（2）全体幼儿学习动作，感受舞狮子的乐趣。

出示教师自制南狮，请幼儿2人为一组，一人做狮头，一人做狮尾，学做动作，教师巡回指导。

（备注：该环节仅为让幼儿体验舞狮子的乐趣，所以不要求幼儿完全掌握规范的舞狮子的动作。）

（3）给幼儿分发手工制作的狮子，全体幼儿与狮同乐。

【活动评析】

《3～6岁儿童学习与发展指南》在社会适应目标中提出，应运用幼儿喜闻乐见和能够理解的方式激发幼儿爱家乡、爱祖国的情感，培养幼儿初步的归属感。该教师通过细心的观察，敏锐地捕捉幼儿对当地民俗——舞狮的兴趣，活动选材贴近生活，本土特色浓厚，目标建立在幼儿已有的生活经验上，适合幼儿年龄发展特点。在活动过程中注重情感体验，让幼儿在拼狮乐、赏狮乐、舞狮乐三大环节中积极参与，凸显出狮乐这个主题。教师还邀请了专业舞狮艺人走进课堂讲解舞狮文化，教授简单的舞狮子方法。幼儿在观看、交流、学习的过程中，习得舞狮方法，了解南狮文化，感知团结奋进的龙狮精神。活动张弛有度，学习效果良好。建议教师不断打磨教学语言，把握教育契机，重视随机教育，让语言更加简洁易懂，并及时回应幼儿在活动过程中的困惑。

（该活动案例获佛山市幼儿教育案例评选一等奖）

教师在做"狮乐"课后反思研讨

案例3 大班社会活动：我是亚运小主人

丹灶祈福英语实验幼儿园 李 萍

【活动来源】

《幼儿园教育指导纲要（试行）》中指出：幼儿园应充分利用社会资源，引导幼儿实际感受祖国文化的丰富与优秀，感受家乡的变化和发展，激发幼儿爱家乡、爱祖国的情感。

2010年亚运会在广州举办，佛山带着武术之乡的光环以亚运会协办城市的身份出现在大众的眼前。借助这么一个教育契机，我把佛山的本土文化和亚运会这个热门话题有效地整合起来，通过游戏的方式对幼儿开展热爱家乡、争当亚运主人翁的情感教育。

【活动目标】

（1）了解佛山的武术、舞狮、特产等民俗文化，树立争当亚运主人翁的意识。

（2）积极地学习表演佛山武术、舞狮，并能主动、热情地分享民俗文化。

（3）培养对本土特色文化的兴趣与情感。

【活动准备】

（1）材料准备：课件（包括亚运会小知识、佛山的亚运场馆、佛山的武术明星、舞狮、佛山特产等图片）；亚运会歌曲《广州之约》；武术秘籍两套（用大展板展示），红绸带每人1条，用呼啦圈和滑溜布制作成的狮头每2人1个；佛山特产盲公饼、西樵大饼、蹦砂。

（2）经验准备：课前了解亚运会的部分知识。

【活动过程】

（一）视频导入，初步了解亚运会

1. 了解亚运会

指导语：小朋友，你知道今年将在广州举行一个什么体育盛会吗？（亚运会）对了，就是2010年广州亚运会。你知道本次亚运会的开幕式是什么时候吗？

播放课件，引导幼儿了解：2010年11月12日将举行广州亚运会的开幕式。今天距离亚运会开幕式还有××天。这五只小羊是本次亚运会的吉祥物——阿祥、阿和、阿如、阿意、乐羊羊。

2. 了解佛山亚运场馆

播放佛山亚运场馆的课件，让幼儿知道自己也是2010年亚运会的小主人。

小结：亚运会虽然在广州举办，但我们佛山也有两个比赛场馆——佛山岭南明珠体育馆和世纪莲游泳跳水馆，在那里分别举办拳击和游泳比赛，所以我们也是亚运会的小主人。

（二）学武术，舞醒狮迎亚运会

1. 学习武术迎亚运会

（1）指导语：佛山是武术之乡，佛山的师傅们给我们留下了很多武术秘籍，让我们也来看着秘籍学一学。

（2）出示两套武术图谱（每组有4个动作），引导幼儿观察。

（3）幼儿绑上红腰带，看图谱学习武术动作，教师在拳、掌、站立姿势、力度等方面进行指导。

（4）配上音乐让幼儿展示自己的武术动作，喜迎亚运会。

2. 学习醒狮迎亚运会

（1）指导语：佛山的舞狮在中国甚至全世界都非常有名气，舞狮是黄飞鸿师傅的拿手好戏，在佛山西樵还保留着黄飞鸿狮艺武术馆，我们来学习舞狮迎接亚运会吧！

（2）幼儿观看舞狮视频，初步了解舞狮的要领。

（3）两两结对，徒手跟学舞狮动作及儿歌"佛山醒狮，喜迎亚运，大家一起乐洋洋，大家一起乐洋洋"。

（4）幼儿结对，拿上狮头及狮尾，听着鼓点跟着教师一起舞狮迎亚运会。

3. 介绍特产迎亚运会

（1）指导语：我们是本次亚运会的小主人，除了用武术表演和舞狮迎接亚运会的到来以外，还可以给亚运客人送上佛山特产，你们知道佛山有哪些特产吗？

鼓励幼儿说一说佛山的特产：陶瓷、剪纸、西樵大饼、盲公饼、蹦砂等。

（2）出示课件，了解佛山特产。

（3）出示西樵大饼、盲公饼、蹦砂等实物，请幼儿向现场的客人介绍特产并和大家一起分享。

（三）齐总结，增强家乡自豪感

指导语：为了迎接亚运会，我们今天做了哪些事情？佛山有着独特的文化，作为佛山人，我们感到很自豪。以后，小朋友们可以向身边的朋友介绍佛山，让更多的人了解佛山，喜欢佛山。

【活动评析】

《3～6岁儿童学习与发展指南》在社会适应目标中指出，幼儿应具有初步的归属感。5～6岁的幼儿对自己所在地的了解更加深入，能够讲出家乡的一些特色、特产。该教师抓住佛山作为亚运会协办城市的这个教育契机，巧妙地用"我是亚运小主人"这条主线把佛山的武术、舞狮以及特产联结起来，引导幼儿进一步了解家乡民俗文化，激发幼儿热爱家乡、热爱祖国的情感，培养幼儿的归属感。

幼儿在玩玩吃吃中体验佛山的本土文化，以主人翁的姿态迎接亚运会的到来。幼儿的知识面得以拓展，并获得了社交能力、语言能力等多元发展。体验式的教学有效地激发了幼儿参与的积极性，幼儿从真切的体验中了解佛山的特色，学会迎客之道。活动中师幼互动较好，幼儿情绪高涨，活动目标的达成度高。建议活动中多采用启发式提问，以便了解及调动幼儿的已有经验，让幼儿更加主动地参与学习。

（该活动案例获第三届南海区学前教育青年教师教学基本功大赛特等奖）

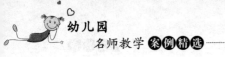

案例4 大班社会活动：我的家我做主

南海区机关幼儿园　莫艳娟

【活动来源】

社会领域是一个综合的学习领域，幼儿的社会性培养需要和真实社会要求保持一致。在今天的社会生活中，各种为幼儿准备的商品应有尽有，幼儿容易受到广告或玩具的吸引，看到什么就买什么。如何让幼儿明白哪些东西是必需品，哪些东西是可有可无的，这是困扰很多家长的问题，也是幼儿理财教育中非常重要的问题。如何帮助幼儿协调欲望和资源之间的关系，培养一个经济上有责任感的幼儿，是一个新的课题。我们认为，用正确的消费观念来引导幼儿，才能帮助幼儿建立一种健康的消费理念。

本次活动设计注重寓教于乐，亲身体验，让幼儿在活动中学习有计划、有节制、合理地花钱，培养幼儿做出合理消费决定的能力，体验当家做主的不易。

【活动目标】

（1）初步懂得要有计划、有节制，合理花钱。

（2）体验当家做主的不易与快乐。

【活动准备】

（1）材料准备：幼儿体验"娃娃家"游戏的录像、1元人民币若干、购物篮、购物表、笔若干、音乐等。

（2）经验准备：幼儿会识别人民币的不同面值，有去超市自主购物，讨论购物的心情、所购商品的用途和价格等经验。

（3）环境准备：超市场景布置。

【活动过程】

1. 观看录像，讨论哪些是生活必需品

看录像，回忆幼儿分组玩"娃娃家"游戏的情况，分析玩"娃娃家"游戏时产生的家庭费用情况。

指导语：为什么各家的费用都不一样？哪些东西是生活必需品，哪些不是？怎样才能既保障生活需要，又能少花点钱？

教师与幼儿记录、分析各个家庭的购物情况

2. 情境体验，有计划、有节制地购物

（1）各组幼儿根据刚才的讨论结果，到教师模拟创设的小超市中购物，引导幼儿有计划、有节制地购物，在幼儿自主购物时引导幼儿文明购物。

指导语：每个家庭成员商量一下，想想家里最需要什么？还缺少些什么？

（2）各个家庭算一算购物情况，超支的家庭分析讨论如何进行量力选择、合理购物。

（3）重新参与购物体验，解决超支问题。

小结：生活中有很多地方需要花钱，购物时应该先想想哪些是最需要的，然后看看自己有多少钱，最后比较不同价格商品的质量，选择自己买得起又好用的东西。只有这样，我们才能既满足生活的需要，又能少花点钱。

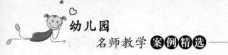

3. 师幼讨论，感受当家做主的不易

指导语：小朋友今天尝试当家购物，购物不仅仅是选中自己喜欢的东西然后付钱，购物还需要思考很多问题，你们都思考了什么？你们觉得购物容易吗？以后想买东西的时候，小朋友可以像今天一样思考，多和爸爸妈妈商量，一定能成为一个精明的小当家。

【活动评析】

理性的金钱观需要从小培养，由于幼儿年龄小，父母难免疏于开展财商教育。其实，找到适合幼儿的财商教育载体，也同样可以培养幼儿的金钱观。《3～6岁儿童学习与发展指南》中指出，成人应经常给幼儿分配一些力所能及的任务，要求他完成并及时给予表扬，培养他的责任感和认真负责的态度。该教师结合《3～6岁儿童学习与发展指南》精神，为幼儿安排了当家购物的任务，将食品、清洁用品等生活必需品与最吸引幼儿注意的零食、玩具同时陈列出来，让幼儿当一当"爸爸妈妈"，带着"照顾宝宝"的需求，进行购物体验。幼儿在整个过程中充满了"我的家我做主"的责任感和自豪感。在教师创设的当家情境中，通过角色扮演，幼儿也尝试换位思考，理解父母当家的不易。幼儿在活动中主动思考，积极互动，活动中有很多闪光点。建议教师在做活动小结时，应给幼儿更有针对性的细致的评价，减少"很好！""好棒！"这种指向不明确的评价。

（该活动案例获第三届南海区学前教育青年教师教学基本功大赛一等奖）

案例5 大班社会活动：口香糖的烦恼

南海机关幼儿园 陈红利

【活动来源】

根据大班幼儿的年龄特点，我们借助日常生活中发现的问题为切入点，让幼儿观看口香糖污染环境的场景，引导幼儿体验乱吐口香糖带来的烦恼，了解个人行为对环境、对人们的生活产生的影响。针对这一情况我们组织幼儿讨论处理口香糖的办法，学习正确的行为，萌发初步的环保意识，知道要从身边的小事做起，相信这样的教育对幼儿的影响是深远的。

【活动目标】

（1）体验清理口香糖的不易，知道不能乱吐口香糖。

（2）了解乱吐口香糖带来的麻烦，乐意为保护环境而努力。

【活动准备】

材料准备：口香糖若干、垃圾桶两个、布娃娃两个、鞋子两双、裤子两条、凳子两张、牙刷、直尺、百洁布、抹布、手套、干净整洁的生活环境的图片、课件。

【活动过程】

（一）观看视频，了解口香糖的烦恼

指导语：小朋友们都喜欢吃口香糖。口香糖可以去除牙齿里的污垢，同时可以帮助我们清新口气。但是，口香糖也有自己的烦恼，我们一起来看个短片。

教师播放长鼻熊被口香糖粘住脚的动漫视频，引导幼儿思考乱扔口香糖的坏处。

指导语：刚才短片里的长鼻熊怎么了？它的心情是怎样的？你们有没有被口香糖粘过呢？

小结：原来口香糖的烦恼是总被不讲卫生的人扔在地上，脏脏的，黏黏的，粘到什么东西都很难清理。

幼儿在讨论如何处理吃完的口香糖

（二）亲身体验，知道清理口香糖的不易

1. 请幼儿体验清理物品，教师巡回指导，引导幼儿感受清理口香糖的不易

指导语：小朋友，老师这里收集了一堆被口香糖粘住的物品，这些物品该怎么清理呢？请小朋友帮忙清理。这里有牙刷、百洁布、直尺，请五个小朋友为一组，戴上手套选择一种工具来清理。

2. 观看视频，感受环卫工人的辛苦及乱吐口香糖的坏处

观看环卫工人清理口香糖的视频，引导幼儿思考，感受环卫工人的辛苦及乱吐口香糖的坏处。

指导语：这是什么地方？他们在干什么？他们为什么要这样做呢？

（三）观察包装纸，懂得口香糖的正确处理方式

教师请幼儿吃口香糖，一边吃一边观察包装纸上的内容。

指导语：口香糖的包装纸告诉我们一个秘密，我们一起来找找这个秘密在哪里。

请幼儿仔细观察，并与旁边的幼儿分享自己的发现。教师在PPT上出示口香糖的包装纸，与幼儿一起讨论。

小结：原来包装纸告诉我们，吃完口香糖之后可以吐到包装纸上包好，然后扔进垃圾桶，这样就不会粘得到处都是。现在，请小朋友也用这种方法收拾我们刚吃过的口香糖。

（四）制作海报，从我做起，宣传保护环境

指导语：原来包装纸上的图例已经说明了正确的处理方法，但在平时生活中却很少有人留意这个秘密。现在我们一起来制作一个保护环境的宣传海报，把这个图标放大，让更多的人知道口香糖的秘密，以后再也不乱吐口香糖了。

要求：请小朋友每人拿一张卡纸，画上口香糖环保图标，剪下来贴到宣传海报上，完成后我们把宣传海报放到幼儿园门口，相信人们看了你们制作的宣传海报，以后再也不会乱吐口香糖了，也会和你们一样爱护环境，爱护我们的家园。

【活动评析】

《3～6岁儿童学习与发展指南》在培养幼儿遵守基本的行为规范的目标中指出，5～6岁幼儿应爱护身边的环境。本活动以日常生活中发现的问题为切入点，让幼儿观看口香糖污染环境的场景，引导幼儿体验乱吐口香糖带来的烦恼，了解个人行为对环境及人们的生活产生的不良影响，初步懂得环境对于人类的意义，激发幼儿保护环境的意识和责任感。

教师在活动中组织幼儿亲自体验清理口香糖的过程，引导幼儿学习处理口香糖的方法，不仅让幼儿明白保护环境需要每个人都参与、行动起来，还潜移默化地引导幼儿关注环卫工人的辛苦。当幼儿知道劳动成果来之不易时，幼儿就能关心、尊重为大家提供服务的人，珍惜他们的劳动成果。

本活动目标清晰，各环节层层深入，幼儿在活动中积极参与，因此目标达成度高。在组织过程中，教师可更关注指导语的准确度，并给予幼儿更多的表达机会。

（该活动案例获第三届南海区学前教育青年教师教学基本功大赛二等奖）

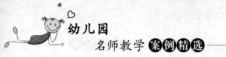
案例6　大班社会活动：我的勇气

九江曾秩和纪念学校附属幼儿园　陈嘉华

【活动来源】

进入大班以来，部分幼儿在做事时畏畏缩缩，不够大胆。于是我在班上开展了讲故事、跳高比赛等一系列活动，让幼儿体会到勇气的重要性。社会活动"我的勇气"便是系列活动之一，通过此项活动，我希望幼儿知道很多时候都需要勇气。每个人都拥有着不同的勇气，只是自己不知道而已。我要带领幼儿结合生活经验，发现自己已经拥有的勇气，真正了解勇气，并更进一步地了解勇气可以给我们带来超凡的力量，让幼儿在以后的生活中不断锻炼自己，做一个充满勇气的了不起的人。

【活动目标】

（1）知道什么是勇气，了解勇气的多种形式。

（2）正视自己，发现自己拥有的勇气。

（3）体验付出勇气后的成功和快乐，逐步培养大胆、勇敢的性格。

【教学重难点】

重点：理解什么是勇气及其多种形式。

难点：发现自己拥有的勇气。

【活动准备】

（1）材料准备：课件、展板、记录单、笔、安全垫、网等。

（2）经验准备：有观看动画片《喜羊羊与灰太狼》的经验。

【活动过程】

（一）勇气是什么——初步理解勇气的含义

通过玩鲨鱼玩具，引出勇气，知道勇气就是勇敢。

（二）勇气有哪些——了解勇气的多种表现形式

1. 通过观看动画片《喜羊羊与灰太狼》，了解勇气的多种表现形式

（1）勇气是勇敢。片段一：在运动会上，懒羊羊因为贪吃，上了灰太狼的当，被抓住了。喜羊羊不怕危险，只身去救懒羊羊。

小结： 喜羊羊真有勇气，是个勇敢的孩子。勇气就是勇敢。

通过动画片分析勇气的多种表现形式

（2）勇气是坚持。片段二：喜羊羊来到狼堡前，却被灰太狼打晕了。喜羊羊也被抓走了，其他的羊可着急了，怎么办呢？他们围在一起想办法，最后通过连环投石器炸狼堡救出了懒羊羊和喜羊羊。

小结： 其他的羊没有放弃，坚持想办法救懒羊羊和喜羊羊。坚持也是一种勇气。

（3）勇气是大胆主动，勇气是控制自我。片段三：懒羊羊被救出来后，大胆主动地向大家承认了自己贪吃的错误，并决心以后会控制好自己，不再贪吃。有时勇气就是大胆主动，勇气就是能控制自我。

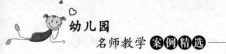

2. 归纳勇气的几种表现形式

（三）我的勇气故事——经验迁移，分享勇气

1. 画勇气故事

每个人身上的勇气都不一样，在各种各样的勇气中，你做到了哪些？请把你的勇气故事画下来。

2. 讲勇气故事

先与旁边的同伴分享勇气故事，再请个别幼儿在集体面前讲述自己的勇气故事。

3. 归类勇气故事

你的勇气故事属于哪一种，是勇敢？是懂得控制自我？是大胆主动？还是坚持？请把它贴在相应的房子里。如果都不是可以贴在"其他"一栏里。

小结： 我们每个人身上都有不同的勇气，说明我们都很棒。勇气越多的人，就越了不起。

（四）不一般的勇气——激励幼儿做最有勇气的人

观看课件，了解航天员、警察、消防员、科学家等人身上都具备多种不一般的勇气。知道勇气不仅需要勇敢的胆量，能吃苦、能坚持的精神，还需要我们认真学好各种本领，做好准备。只有这样，我们才能得到更厉害、更不一般的勇气。

（五）勇气大挑战——感受同伴的支持与自己的勇气

1. 介绍规则

师：想让自己变成更加勇敢的人吗？考验大家的时刻到了，这是一个勇敢者的游戏，需要大家的合作，一个人站在桌子上，背对着大家，其他人一起拿一张大网在桌子旁边，桌上的人不能转身，直接向后倒在网里，拿网的人要接住他/她。

2. 提问

（1）拿网的小朋友们，你们能保证成功地接住朋友吗？怎样做才能保证成功？

（2）站在高处的小朋友，站在高高的桌子上，你的心情怎么样？你相信你的朋友能接住你吗？

小结：团结合作是一种勇气，信任朋友也是一种勇气，勇气就是互相给予信任与帮助。

（六）我的勇气——续写勇气

师：其实勇气就是一本书，翻到每一页都有不同的内容，今天，老师为小朋友准备了一本你们自己的勇气之书，书名叫《我的勇气》，看看里面都是空的，送给你们，当你得到一种勇气的时候就把它记录下来，当你把它记满了，甚至记不下的时候，你就成为一个浑身充满勇气、了不起的人了。

【活动评析】

《3～6岁儿童学习与发展指南》在幼儿人际交往的目标中提出，幼儿应具有自尊、自信、自主的表现，教师应对幼儿好的行为表现给予具体、有针对性的肯定和表扬，让他对自己的优点和长处有所认识并感到满足和自豪。《幼儿园教育指导纲要（试行）》中也提出，教师应为每个幼儿提供表现自己长处和获得成功的机会，增强自尊心和自信心。本活动通过把《喜羊羊与灰太狼》这部动画片中价值较高的情节进行有机结合，利用色彩鲜艳、生动、形象的画面，适时地呈现问题，引导幼儿用他们独特的心理去感受、了解故事中各种不同形式的勇气。通过了解勇气、分享勇气、体验勇气、续写勇气等环节，让幼儿循序渐进地了解勇气的多种表现形式，增进幼儿对自身勇气的了解，培养幼儿勇敢的品质，激发幼儿对自身品质的认识和自豪感。

在活动组织过程中，教师注重潜移默化的教育，给予幼儿体验、表达的机会，动静结合、层层递进，活动目标达成度较高。但教师在关注全体时，也应重视幼儿的个别差异，尊重不同发展水平的幼儿的需要。另外，应注意教师语言的简练度，以提高讨论交流的实效性。

（该活动案例获第三届南海区学前教育青年教师教学基本功大赛二等奖）

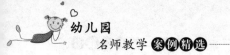

案例7 中班社会活动：沟通从"机"开始

桂城中心幼儿园 苏婉意

【活动来源】

现代家庭中，独生子女多，幼儿一生下来，就生活在一切以我为中心的家庭环境里，只知道享受。他们尽情地享受着被他人关爱，而无从学习去关爱他人。因此，我们设计了社会活动"沟通从'机'开始"，鼓励幼儿大胆主动地与人沟通。活动中，幼儿可以向对方表述自己不愉快的事情，得到解决问题的方法；也可以表达自己对他人的关爱，亲身体验付出爱后的心理感受。在活动中，幼儿将借助电话这一工具，学习一些沟通的方式和渠道，既发展了幼儿的语言表达能力，也提高了幼儿与人交往的能力。

【活动目标】

（1）知道电话是人与人之间沟通的重要工具。

（2）大胆使用手机与人沟通，表达对他人的关爱。

（3）发展语言表达能力及与人交往的能力。

【教学重难点】

重点：知道电话是人与人之间沟通的重要工具。

难点：大胆使用手机与人沟通，表达对他人的关爱。

【活动准备】

（1）材料准备：精美电话本20本、PPT课件。

（2）经验准备：①幼儿对手机的功能有一定的认识，并有使用手机的生活经验；②教师了解生病幼儿的家长的联系电话，以便现场拨打电话问候生病的幼儿；③幼儿知道父母的电话号码。

（3）环境准备：现场教师拥有手机，以便幼儿借用教师的手机，简单地与父母进行对话。

【活动过程】

1. 创设情境，引起兴趣

（1）创设情境：上课时间到了，但是电脑老师不在现场，助教老师通过手机联系到该老师，活动可以如常进行了。

（2）使用课件介绍各种各样的电话。

小结：自从科学家发明了电话以后，电话给人们的生活带来了不少方便，使用电话已经成了人们生活中的一部分。

2. 师幼谈话，了解手机的用途

指导语：在日常生活中，人们在什么时候需要使用电话呢？

小结：电话真方便，当我们想念远方的家人或朋友时，可以给他们打个电话互相问候；遇到紧急情况时，人们还可以快速使用应急电话寻求帮助。

3. 以己度人，问候生病的同伴

（1）幼儿自由发言，说说自己生病时在家休养的感受，以己度人，萌发关心生病在家休养的小朋友的想法。

（2）说一说，你想对生病的小朋友说些什么关心的话呢？

（3）总结幼儿们的话，教师和幼儿现场拨打电话问候生病的小朋友。

小结：看来小朋友都是生活中的有心人啊，知道要关心我们身边的人。如果我们想关心对方，但彼此又离得很远，那么我们可以马上打电话问候对方，说说我们的甜甜话呢。

4. 现场互动，学习使用手机交流

（1）指导语：生活中，我们除了关心生病的同伴，还有谁同样需要我们关心呢？

（2）了解打电话时要注意的礼仪。

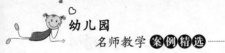

（3）请幼儿寻求现场教师的帮助，借用她们的手机，通过手机语音通话和收发信息两种功能，给自己关心的人发出关心问候的话。

（4）幼儿回到集体后，自由说说关心问候别人或者把憋在心里的话说出来的感受。

小结：原来关心问候别人或者把憋在心里的话说出来，也是一件快乐的事情。

幼儿尝试通过手机进行沟通

5. 看3G视频，了解手机发展的趋势

指导语：手机帮助我们把关心他人的甜甜话带给了对方，要是在手机上能看到对方的样子那该多好啊。

请幼儿观看3G视频，了解视频电话。

小结：视频电话真方便啊，不但能听到对方的声音，还能看到对方的样子，使彼此的沟通变得亲切，使彼此的联系变得更加密切！

6. 互留电话号码，与朋友、亲人保持联系

教师介绍为幼儿准备的精美电话本，请幼儿主动找到自己的好朋友互留电话号码。鼓励幼儿回家后在电话本上记录下自己所认识的人的电话号码，当想念远方的亲人时，给对方打个电话，关心问候对方；当自己遇到不高兴的事情时，也可以打电话给信任的人，说说心里话。

【活动评析】

3~6岁的幼儿已经有了明显的关心他人、尊重他人的倾向。这种倾向不是幼儿自发形成的，而是在与他人的互动过程中逐步体验、观察和模仿而形成的。幼儿能够关心他人，在交往中尊重他人，是其社会性发展过程中质的飞跃。《3~6岁儿童学习与发展指南》在关心尊重他人的目标中指出，4~5岁的幼儿能注意到别人的情绪，并有关心、体贴的表现。该教师巧妙地挖掘社会生活中的常用科技产品——手机的教育价值，把手机作为活动载体，充分利用手机的沟通功能，通过情境创设、师幼交流、现场互动等环节，引导幼儿利用手机向小朋友表达关心，向亲友表达关怀，从而巧妙地达成关心和尊重他人的培养目的。活动过程中，教师思路清晰，亲和力强，教学效果良好。建议教师在活动小结时引导幼儿关注其他的沟通方式。因为手机更适合使用在不方便见面或空间距离较远的沟通中，而社会生活中沟通的方式是多样的，拜访、约见等面对面的沟通方式更能让人们感受到真切的关心与尊重。

（该活动案例获第三届南海区学前教育青年教师教学基本大赛一等奖）

第四章

科学教育

　　幼儿园科学教育是通过各类活动激发幼儿的好奇心和探究欲望，发展认知能力的教育。幼儿的科学教育是科学启蒙教育，重在激发幼儿的认识兴趣、探究欲望，帮助幼儿学习运用观察、比较、分析、推论等方法进行探索活动。学习科学的过程应该是幼儿主动探索的过程，教师要让幼儿亲自动手、动脑去发现问题、解决问题，鼓励幼儿之间的合作，并积极参与幼儿的探索活动。幼儿的科学活动应密切联系幼儿的实际生活，所以，教师应充分利用幼儿身边的事物与现象引导幼儿参与科学探索。

　　本章从幼儿的学习与发展、学习与发展目标和教学案例精选三个部分进行阐述，以便教师从理念、目标、实操全方位了解科学教育的有效开展。

第一节　幼儿的学习与发展

《3～6岁儿童学习与发展指南》中指出，幼儿的科学学习是在探究具体事物和解决实际问题中，尝试发现事物间的异同和联系的过程。幼儿在对自然事物的探究和运用数学解决实际生活问题的过程中，不仅获得丰富的感性经验，充分发展形象思维，而且初步尝试归类、排序、判断、推理，逐步发展逻辑思维能力，为其他领域的深入学习奠定基础。

幼儿科学学习的核心是激发探究兴趣，体验探究过程，发展初步的探究能力。成人要善于发现和保护幼儿的好奇心，充分利用自然和实际生活机会，引导幼儿通过观察、比较、操作、实验等方法，学习发现问题、分析问题和解决问题；帮助幼儿不断积累经验，并将经验运用于新的学习活动，形成受益终身的学习态度和能力。

幼儿的思维特点是以具体形象思维为主，应注重引导幼儿通过直接感知、亲身体验和实际操作进行科学学习，不应为追求知识和技能的掌握，对幼儿进行灌输和强化训练。

第二节 学习与发展目标

一、科学探究

目标1：亲近自然，喜欢探究。

3~4岁	4~5岁	5~6岁
（1）喜欢接触大自然，对周围的很多事物和现象感兴趣 （2）经常问各种问题，或好奇地摆弄物品	（1）喜欢接触新事物，经常问一些与新事物有关的问题 （2）常常动手动脑探索物体和材料，并乐在其中	（1）对自己感兴趣的问题总是刨根问底 （2）能经常动手动脑寻找问题的答案 （3）探索中有所发现时感到兴奋和满足

目标2：具有初步的探究能力。

3~4岁	4~5岁	5~6岁
（1）对感兴趣的事物能仔细观察，发现其明显特征 （2）能用多种感官或动作去探索物体，关注动作所产生的结果	（1）能对事物或现象进行观察比较，发现其相同与不同 （2）能根据观察结果提出问题，并大胆猜测答案 （3）能通过简单的调查收集信息 （4）能用图画或其他符号进行记录	（1）能通过观察、比较与分析，发现并描述不同种类物体的特征或某个事物前后的变化 （2）能用一定的方法验证自己的猜测 （3）在成人的帮助下能制定简单的调查计划并执行 （4）能用数字、图画、图表或其他符号记录 （5）探索中能与他人合作与交流

目标3：在探究中认识周围事物和现象。

3～4岁	4～5岁	5～6岁
（1）认识常见的动植物，能注意并发现周围的动植物是多种多样的 （2）能感知和发现物体和材料的软硬、光滑和粗糙等特性 （3）能感知和体验天气对自己生活和活动的影响 （4）初步了解和体会动植物和人们生活的关系	（1）能感知和发现动植物的生长变化及其基本条件 （2）能感知和发现常见材料的溶解、传热等性质或用途 （3）能感知和发现简单物理现象，如物体形态或位置变化等 （4）能感知和发现不同季节的特点，体验季节对动植物和人的影响 （5）初步感知常用科技产品与自己生活的关系，知道科技产品有利也有弊	（1）能察觉到动植物的外形特征、习性与生存环境的适应关系 （2）能发现常见物体的结构与功能之间的关系 （3）能探索并发现常见的物理现象产生的条件或影响因素，如影子、沉浮等 （4）感知并了解季节变化的周期性，知道变化的顺序 （5）初步了解人们的生活与自然环境的密切关系，知道尊重和珍惜生命，保护环境

二、数学认知

目标1：初步感知生活中数学的有用和有趣。

3～4岁	4～5岁	5～6岁
（1）感知和发现周围物体的形状是多种多样的，对不同的形状感兴趣 （2）体验和发现生活中很多地方都用到数	（1）在指导下，感知和体会有些事物可以用形状来描述 （2）在指导下，感知和体会有些事物可以用数来描述，对环境中各种数字的含义有进一步探究的兴趣	（1）能发现事物简单的排列规律，并尝试创造新的排列规律 （2）能发现生活中许多问题都可以用数学的方法来解决，体验解决问题的乐趣

目标2：感知和理解数、量及数量关系。

3～4岁	4～5岁	5～6岁
（1）能感知和区分物体的大小、多少、高矮长短等量方面的特点，并能用相应的词表示	（1）能感知和区分物体的粗细、厚薄、轻重等量方面的特点，并能用相应的词语描述	（1）初步理解量的相对性。
（2）能通过一一对应的方法比较两组物体的多少	（2）能通过数数比较两组物体的多少	（2）借助实际情境和操作（如合并或拿取）理解"加"和"减"的实际意义
（3）能手口一致地点数5个以内的物体，并能说出总数。能按数取物	（3）能通过实际操作理解数与数之间的关系，如5比4多1；2和3合在一起是5	（3）能通过实物操作或其他方法进行10以内的加减运算
（4）能用数词描述事物或动作。如我有4本图书	（4）会用数词描述事物的排列顺序和位置	（4）能用简单的记录表、统计图等表示简单的数量关系

目标3：感知形状与空间关系。

3～4岁	4～5岁	5～6岁
（1）能注意物体较明显的形状特征，并能用自己的语言描述	（1）能感知物体的形体结构特征，画出或拼搭出该物体的造型	（1）能用常见的几何形有创意地拼搭和画出物体的造型
（2）能感知物体基本的空间位置与方位，理解上下、前后、里外等方位词	（2）能感知和发现常见几何图形的基本特征，并能进行分类	（2）能按语言指示或根据简单示意图正确取放物品。
	（3）能使用上下、前后、里外、中间、旁边等方位词描述物体的位置和运动方向	（3）能辨别自己的左右

以上摘自《3～6岁儿童学习与发展指南》

第三节 教学案例精选

案例1 大班科学活动：有趣的夹子

大沥黄岐中心幼儿园 陈风云 陈宇

【活动来源】

午休起床后，辉辉用脚指头夹起了掉在床下的袜子，坐在一旁的米米嘻嘻地笑起来，说："我的脚指头也能当夹子。"小朋友们都纷纷模仿起来，他们对夹子产生了浓厚的兴趣，开始探索身上的"夹子"。《幼儿园教育指导纲要（试行）》中指出，教育活动内容要既符合幼儿的现实需要，又有利于其长远发展；既贴近幼儿的生活来选择幼儿感兴趣的事物和问题，又有助于拓展幼儿的经验和视野。于是，我大胆尝试设计这次活动，就幼儿感兴趣的"夹子"为主题，结合科学和艺术领域，拓展幼儿在夹子用途方面的经验和视野，以满足幼儿的好奇心和求知欲。

【活动目标】

（1）知道常见夹子的作用及其非常规用途。

（2）大胆想象与尝试，对夹子进行艺术创作。

（3）积极参与活动，感受创作的乐趣。

【活动准备】

（1）材料准备：幼儿和家长共同收集各种各样的夹子（发夹、报纸夹、气筒夹、衣服夹等）、音乐带一盒、实物投影仪一台、水彩笔及一些废旧材料。

（2）经验准备：回家与父母找找家里的夹子。

（3）环境准备：课前在活动室内布置"夹子展览城"。

【活动过程】

1. 认识夹子，了解夹子的特点

（1）师：你们平时还见过什么夹子？它们是用来干什么的？（请幼儿回答后，教师出示相应的夹子实物。）

（2）师：小朋友，现在我带你们去参观"夹子展览城"，看看有哪些夹子是你们认识的，试着玩一玩，猜猜它们有什么用，参观后把你们知道的告诉小朋友。（先请个别幼儿回答，然后请幼儿互相介绍。）

（3）听儿歌，总结夹子的用途。（儿歌附后）

师：夹子有这么多本领，但我也有一个本领，就是把它的用途编成一首儿歌，你们想听吗？（教师念儿歌）

幼儿在自由探索身体上的夹子

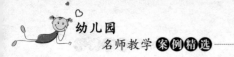

2. 拓展经验，探索夹子的非常规用途

（1）利用实物投影仪出示夹子非常规用途的图片，了解夹子的非常规用途。（如剪头发时用夹子夹住未剪的头发，开袋的饼干用夹子夹住袋口防止受潮等。）

教师提问：请小朋友观察图片，说说这些夹子有什么用？

（2）讨论：夹子真有用，你们还想发明什么样奇特的夹子呢？（如追踪夹，帮助渔民在海里夹鱼……）

3. 自由畅想，利用夹子进行艺术创作

（1）教师出示各种各样的夹子，让幼儿进行艺术创作，如用多只衣服夹子摆成一条虫子、一朵花、一架飞机等。

（2）师：我们身上也有很多夹子，你们把身上的夹子找出来。（请幼儿自由发挥，创编动作。）

附：

夹子

夹子夹子真正好，它们本领也不少。

夹头发，夹书报，夹衣服，夹被套，

夹饼干、药片、裤管、眉毛……

有了它，真方便，真方便！

【活动评析】

科学活动能够帮助幼儿认识周围事物和现象，而探究是幼儿科学学习的重要方式。《幼儿园教育指导纲要（试行）》中指出，幼儿应能运用各种感官，动手动脑，探究问题。《3～6岁儿童学习与发展指南》不仅提出了在探究中认识周围事物和现象的目标，还详细阐述了各年龄段所应具备的学习行为和发展水平。到了大班，幼儿能逐步发现常见物体的结构和功能之间的关系。幼儿在生活中使用脚指头当夹子，夹起了掉在地上的袜子，显然已经理解了夹子的功能和结构之间的关系，教师敏锐地捕捉到幼儿的兴趣点，设计了该"夹子"主题活动，拓展了幼儿关于夹子的经验。

我们看到，幼儿在活动中不仅兴趣盎然地观察各种不同夹子的结构，经过教师的引导和幼儿之间的讨论，大部分幼儿还能猜出不同夹子的作用。他们在玩、思考和讨论中发现夹子结构和它的功能之间的关系。教师借助幼儿的兴趣，帮助幼儿发现夹子的特点，拓展幼儿对夹子功能的探索，启发幼儿利用夹子的特点进行小创作，这种尝试是可贵的。整个活动中幼儿兴趣浓厚，思维活跃，对夹子结构和功能的关联能力很强。

（该活动案例获广东省幼儿教育课例评选一等奖）

活动结束后，幼儿在"创意美术区"学习制作夹子

案例2　大班科学活动：乌鸦喝水

西樵中心幼儿园　何宝琴

【活动来源】

　　《乌鸦喝水》是一个家喻户晓的故事。听完故事后，幼儿通常会理所当然地认为只要放入石头，乌鸦就能喝到水了。究竟是不是这样呢？于是，我以《乌鸦喝水》故事为主线，设计了这个科学探究活动，尝试让幼儿通过大胆猜测、尝试操作、科学验证的步骤，得出乌鸦能否喝到水跟水量的多少和材料的不同是有关系的，从而引导幼儿懂得科学要在实践中获取真理，体验科学探究的乐趣。

【活动目标】

　　（1）知道在有水的瓶子中加入石头和沙子可以使水位上升。

　　（2）通过"猜测—验证"的方法，引导幼儿探究发现乌鸦能否喝到水与水量的多少以及材料的不同有关系。

　　（3）激发幼儿探究科学的欲望，体验探究科学的乐趣。

【活动准备】

　　（1）材料准备：呼啦圈3个、课件"乌鸦喝水"、每人3个红黄绿标记的瓶子、大石头和小沙子若干、勺子、毛巾、盘子、记号笔。

　　（2）环境准备：场地一边摆放椅子，呈半圆形；另一边放操作桌，4人一组，共5组。

【活动过程】

（一）趣味导入，为学铺路

1.玩游戏：占圈

游戏规则：我们来玩一个占圈的游戏。这里有2个保护圈，小朋友可以自由在圈外玩耍。当音乐一停，小朋友就要立刻跑到圈内，没有挤进圈内的小朋友就会被老师抓走！玩的时候要注意安全，还要注意关心身边的小朋友哦！（幼儿玩2遍游戏）

小结：你为什么被抓住啦？原来保护圈被别人占满了，所以小朋友被挤出来啦！（强调挤、占满）

2.看课件：乌鸦喝水

（1）前半部分。

①提问：故事里有谁？发生了什么事情？

小结：故事里有乌鸦，它口渴想喝水，但瓶口小，水很少，乌鸦喝不到水！

②设疑：用什么办法才能让乌鸦喝到这瓶水呢？

③交流：及时对幼儿的回答进行反馈，肯定和鼓励幼儿的大胆猜想。

（2）后半部分。

①揭谜：乌鸦究竟是怎么做的呢？让我们一起来看课件吧！

小结：在瓶子里放入石头，乌鸦就能喝到水了！

②品德教育：乌鸦是一只怎样的乌鸦呢？遇到问题，我们也要向乌鸦学习，多动脑筋想办法，这样才会越来越聪明！

（二）自主探究，层层深入

1.同一材料，不同水位

（1）首次探究：水位在黄线时，放入石头，乌鸦能喝到水吗？

①提问：请你猜一猜，水位在黄线时，放入石头，乌鸦能喝到水吗？

②操作：幼儿自主尝试操作，教师巡回指导。

③交流：你发现了什么？

④验证：水位在黄线时，放入石头，水位上升，乌鸦能喝到水了。

⑤探究：为什么石头能帮助水位上升呢？

小结：这个实验就像我们的占圈游戏一样，圈内的位置都占满了，小朋友就被挤出来了；石头放进了水里，把水的位置占了，水只能被挤上来，所以水位就升高了！

（2）再次探究：水位在绿线时，放入石头，乌鸦能喝到水吗？

①提问：水位在哪里？你们猜一猜，水位在绿线时，放入石头，乌鸦能喝到水吗？

②操作：幼儿尝试操作，教师巡回指导。

③交流：你发现了什么？

④验证：水位在绿线时，放入石头，水位也升高了，可是乌鸦却喝不到水！

（3）启发释疑：为什么同样是放石头，水位在黄线时乌鸦能喝到水，而在绿线时却不能喝到水？

（4）得出结论：乌鸦能否喝到水跟水量的多少有关系。

2. 同一水位，不同材料

（1）创新尝试：水位在绿线时，放入沙子，乌鸦能喝到水吗？

①启发：既然放入石头乌鸦不能喝到水，那么，可以放什么材料呢？

②交流：允许幼儿有各种不同的答案，及时鼓励、表扬。

③创新：水位同样在绿线，放入沙子能不能让乌鸦喝到水呢？

④操作：幼儿尝试操作，教师巡回指导。

⑤交流：你们发现了什么？

⑥验证：水位在绿线时，放入沙子，水位升高，乌鸦能喝到水。

（2）深入探究：为什么同一水位，放石头喝不到水，放沙子能喝到水呢？

①交流分享：请幼儿大胆表达想法。

②课件揭谜：运用课件演示，分析乌鸦喝水的原理。

（3）再得结论：乌鸦能否喝到水，还跟放进去的材料有关系。

幼儿在分享自主探究的结果

（三）活动总结，归纳结论

1. 知识归纳

乌鸦能否喝到水，跟水量的多少以及材料的不同有关系。

2. 情感教育

遇到问题要动脑筋，大胆猜测，通过实验才能得到更准确、更科学的结果。

【活动评析】

《3～6岁儿童学习与发展指南》指出，大班幼儿能探索并发现常见的物理现象产生的条件或影响因素。教师利用《乌鸦喝水》这个幼儿喜闻乐见的故事设计教学活动，将其中隐藏着的有趣的物理现象呈现给幼儿，并不断引导、提升幼儿的相关经验。活动中有三个亮点。

（1）游戏创设，为学铺路：教师在科学探究活动中有机结合实验原理，创设适合幼儿的游戏。通过游戏，幼儿初步感知到圈内占满了人，被人挤出圈外这个原理。为下一环节的"石头为什么能帮助水位上升？"的问题埋下伏笔。

（2）尝试操作，层层深入：为了让幼儿知道投放石头和沙子，都能让水位上升，但乌鸦是否能喝到水，则取决于水位和材料。教师设计了"同一材料，不同水位"和"同一水位，不同材料"两个操作实验，创设由易到难的尝试梯度，幼儿在探索中既体会到莫大的成就感和兴奋感，又不断深入理解现象背后的科学原理。

（3）科学验证，总结原理：整个活动中，教师不断引导幼儿发现问题、大胆猜测、动手操作。在幼儿观察到科学现象时，教师又运用课件中的石头和沙子的堆积图来帮助幼儿更直观地理解蕴藏其中的科学原理。

整个活动探究氛围浓郁，严谨又轻松。幼儿全情投入，活动目标达成度高。

（该活动案例获2011年佛山市幼儿教育课例评比一等奖）

教师们在分组进行"乌鸦喝水"课后反思研讨

案例3 大班科学活动：奇妙的光线

南海区机关幼儿园 关凤萍

【活动来源】

一天，小朋友在走廊玩"照镜子"的游戏，突然，琪琪拿着镜子照在有阳光的地方，把光反射到墙壁上，产生了光斑。其他小朋友看见了，不停地去追捉光斑。琪琪一晃动镜子，光斑就跳跃移动。光斑有时出现，有时又不见了，小朋友们就更好奇了。云云说："亮光和我们捉迷藏了！"鹏鹏一兴奋，用手盖住镜子上亮亮的光，"咦？！不见了？！"

《幼儿园教育指导纲要（试行）》指出，"善于发现幼儿感兴趣的事物、游戏和偶发事件中所隐含的教育价值，把握时机，积极引导"。利用这一契机，我设计了大班科学活动"奇妙的光线"，希望通过活动让幼儿初步感受和认识光通过不同物体产生的不同现象，从而培养幼儿积极探究、独立思考，助力幼儿养成科学的学习态度和学习方法。

【活动目标】

（1）通过探索和操作，初步了解光通过不同物体产生的不同现象。
（2）尝试把透光（不透光）的物品变成不透光（透光）的物品。
（3）提高对现象的观察能力及发现问题、解决问题的能力。

【活动准备】

（1）材料准备：玻璃杯、水、牛奶、手电筒（幼儿每人一份）、铁罐、毛巾、塑料桶、书、硬纸板、白纸若干、剪刀、透明胶、双面胶、用黑白磁铁制作的记录表、记录标志"√"和"×"若干。

（2）环境准备：把幼儿实验操作的材料摆放在桌子上。

【活动过程】

（一）抛出问题，激发幼儿的兴趣

1. 引发思考

教师出示一只透明的玻璃杯让幼儿想一想：什么东西能穿过玻璃杯？

2. 大胆猜测

教师拿出一个手电筒，让幼儿猜猜手电筒的光线能不能穿过玻璃杯。

3. 实验解惑

幼儿知道光线可以穿过玻璃杯，玻璃杯是透光的。

4. 思维拓展

想想光还可以穿过什么东西，激发幼儿探索的兴趣。

（二）动手操作，了解光在不同物品中的穿透性

1. 介绍操作物品及操作要求

（1）教师介绍实验的物品。

（2）教师示范。

①拿起一个手电筒并把它打开。

②用手电筒照一照、看一看实验的物品是否透光。如果透光，就在记录表上贴一个"√"的标志，如果不透光就贴上一个"×"的标志，并要求幼儿每实验一个，记录一个。

③请幼儿在操作物品时轻拿轻放。

2. 幼儿实验

（1）幼儿边操作实验边记录。

（2）教师巡回指导，重点指导幼儿用手电筒照物品的方法，以及引导幼儿每实验完一次，要马上进行记录。

3. 集体检查记录的结果并进行小结

教师和幼儿一起检查记录表。

小结：光照在不同的物品上，会有不同的现象；有的物体透光，有的物体

不透光。

（三）脑力激荡，改变物品的透光性

1. 试一试：怎样使牛奶透一点光

（1）教师出示刚才幼儿实验操作的一瓶牛奶，引导幼儿想想怎样把不透光的牛奶变成透光。

（2）教师演示实验：通过引导幼儿想出在牛奶里加水的办法，把不透光的牛奶变成透光。

2. 幼儿实验

（1）激发幼儿尝试把透光的东西变不透光，把不透光的东西变透光。

（2）教师观察幼儿实验的情况，启发幼儿通过粘贴、用剪刀钻和剪等方法改变物体的透光性，帮助遇到困难的幼儿并及时给予适宜的支持和引导。

（3）交流实验结果。

（四）讨论交流，了解光的穿透性的实用价值

介绍在现实生活中，人们如何通过调节光的强弱使生活更加方便和舒适，进一步激发幼儿探究的兴趣及创新的欲望。

【活动评析】

《幼儿园教育指导纲要（试行）》中指出，要培养幼儿对周围的事物、现象感兴趣，有好奇心和求知欲；能运用各种感官，动手动脑，探究问题；能用适当的方式表达、交流探索的过程和结果。《3～6岁儿童学习与发展指南》在科学领域中也指出，幼儿应在探究中认识周围事物和现象，生活中有许多有趣的物理现象，对于大班幼儿而言，他们不仅对这些物理现象感兴趣，而且能进一步发现这些物理现象产生的条件或影响因素。

本活动取材于幼儿的生活，内容具有较强的趣味性，满足了幼儿爱玩的天性和强烈的好奇心，符合大班幼儿的年龄特点。在教学活动中，教师设计了四个层层深入的环节，提出的问题能有效地激发幼儿学习的兴趣。在活动中，幼儿通过自主探索以及反复操作、观察比较，能初步感受和认识光通过不同物体产生的不同现象，尝试把透光（不透光）的物品变成不透光（透光）的物品。他们在活动中主动探索、大胆尝试、乐于交流，表现出较强的想象力、创造力

和语言表达能力，同时也体现出他们较强的动手操作能力和观察能力。

活动中教师善于为每一位幼儿提供操作机会，恰当引导，满足幼儿探索的需要，充分体现了幼儿的主体地位。幼儿表现出极大的兴趣，他们在实践中体验到了成功，获得了满足，把整个活动推向了高潮。他们是活动的发现者和成功者。

（该活动案例获第二届南海区学前教育青年教师教学基本功大赛特等奖）

活动后延伸到"科学探究区"亲身体验奇妙的光线

案例4 大班科学活动：比一比谁快

狮山松岗中心幼儿园　何健清

【活动来源】

随着人类生活水平的提高，车子成了随处可见的东西。马路上的公交车、救护车、小汽车……都深深吸引着幼儿的眼球。有一天，一个小朋友带来了一辆玩具小汽车，引起了大批车迷们的围观，幼儿都在讨论自己家里的玩具车。亮亮说："这车跑得真快！"辉辉说："我家的车子更快！"菲菲也不甘示弱地说："我的车子比你们的都快！"到底谁的车开得快，谁的车开得慢？第二天，小伙伴们把自己的车子带来比试，快慢有了定论。突然，辉辉不服气地说："这个地板太粗糙了，我的车子在我家的瓷砖地上跑得可快了！"幼儿们对车子快慢的话题争论不休。于是，我围绕着幼儿的兴趣和好奇心，设计了这个活动，通过小实验，让幼儿从亲身的体验和尝试中感知速度的快慢是与接触面的倾斜度和光滑度等条件有关的，进而培养幼儿的探索精神。

【活动目标】

（1）通过实验，知道小车滑落的速度与用力的大小、接触面的光滑度和倾斜度有关。

（2）运用材料自由操作，获得让小车速度减慢的经验。

（3）体验动手操作的乐趣，培养探索与合作精神。

【活动准备】

（1）材料准备：篮子若干、录音机、小车滑落的动画课件、斜坡防滑的课

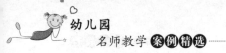

件、投影仪。

（2）环境准备：把场地分成8组，每组投放2块标有记号的木板、大积塑6块、小车2辆、毛巾一条、纸皮一张、胶片一张、卡纸一张、防滑垫一张、橡皮筋若干、记录表一张、铅笔一支。

【活动过程】

1. 自由探索，感知小车速度的变化

（1）教师出示小车，让幼儿在平地上开，引起幼儿的兴趣。

师：你有什么办法让小车开得快一点呢？

（2）幼儿拿着小车自由操作，教师巡回指导。

（3）幼儿分享自己的操作结果。

（4）看课件，归纳总结：速度的快慢与用力的大小有关。用的力越大，小车的速度越快；用的力越小，小车的速度越慢。

2. 搭建斜坡，探索小车滑落的速度与接触面倾斜度的关系

（1）教师出示2块标有记号的木板和6块大积塑，交代实验的要求：这一次比赛不能用力推，只能利用这些材料，怎样可以让一辆小车开得快呢？

（2）幼儿自由操作实验，教师巡回指导。

（3）分享与演示实验结果。

师：你们刚才是怎样搭斜坡的？小车在哪边滑得快？在哪边滑得慢？斜坡的坡度会影响车子的速度吗？

教师与幼儿一起探索小车滑落的速度与接触面倾斜度的关系

（4）看课件，归纳总结：速度的快慢与接触面的倾斜度有关。倾斜度越大，小车的速度越快；倾斜度越小，小车的速度越慢。

3. 变换材料，探索小车滑落的速度与接触面光滑度的关系

（1）教师提出疑问：在生活中，爸爸妈妈开的车下斜坡时速度越快就越好吗？为什么？你有什么办法可以让小车慢下来呢？

（2）教师出示操作材料——卡纸、纸皮、胶片、防滑垫、毛巾、橡皮筋，提问：这里哪些材料可以让小车的速度慢下来？

（3）教师交代操作要求：小车在两个一样高的斜坡上行驶，你们可以在1号斜坡上放上不同的材料，2号斜坡的表面则保持不变。让小车从2个斜坡上往下滑，看看哪种材料可以让1号斜坡上的车子滑得慢一点，请在记录表上相应的材料旁画"√"。

（4）幼儿分组进行操作实验，教师巡回指导。

（5）幼儿分享操作实验的结果。

（6）看课件，归纳总结：速度的快慢与接触面的光滑度有关。接触面越光滑，小车的速度就越快；接触面越粗糙，小车的速度就越慢。

4. 拓展经验，了解斜坡防滑的方法

师：人们也经常会运用到斜坡防滑的方法，今天让小兔带我们去看看吧！

出示课件，向幼儿介绍斜坡防滑的方法。

【活动评析】

《3～6岁儿童学习与发展指南》指出，要培养幼儿具有初步的探究能力。幼儿科学教育应避免单纯让幼儿获得静态的科学概念，应将发展幼儿的科学素养和探究精神作为重点。教师应给予幼儿科学探究的机会，鼓励和支持幼儿的探究行为。教师在设计科学活动时，应尽可能考虑活动本身的探究价值，并激发幼儿的探究需求。

该活动源于幼儿感兴趣的生活话题"车"，教师围绕着幼儿的兴趣和好奇心，通过小实验激发幼儿探究，让幼儿从亲身的体验和尝试中感知速度的快慢是与接触面的倾斜度和光滑度等条件有关的，进而培养幼儿的探索精神和探究能力。

整个活动中，教师让幼儿分小组进行了多次探索，利用直观、有趣的多媒体课件帮助幼儿归纳、总结，把抽象、难懂的科学知识简单化，层层递进地让幼儿理解抽象的科学原理。幼儿在轻松、愉快的气氛中学习，并积极参与其中。他们自主选择教师提供的材料，通过玩、说、比较等方式，在不断解决问题的过程中拓展了生活经验，发展了动手动脑和协作的能力。

（该活动案例获第二届南海区学前教育青年教师教学基本功大赛一等奖）

教师结合《3～6岁儿童学习与发展指南》分组研讨坡度、材料与速度的关系

案例5 大班科学活动：易拉罐压缩摆放

桂城中心幼儿园 严 静

【活动来源】

易拉罐是生活中常见的物品，平常我都会让幼儿把易拉罐回收回园变废为宝制作成教玩具。但在一次回收活动中，我班的韬韬告诉我，他家原来有很多易拉罐的，但是家里没有地方摆放，所以妈妈把很多易拉罐都丢弃了，由此我想让幼儿学习把易拉罐进行压缩摆放，节省空间以便更好地进行回收，同时也培养幼儿初步的环保意识。

【活动目标】

（1）通过操作、比较、感知，理解相同空间内易拉罐的形状变化、摆放方式与摆放数量的关系。

（2）了解废旧物品被压缩处理的方法，建立初步的环保意识。

（3）培养相互合作的能力。

【活动准备】

（1）材料准备：教学辅助课件、易拉罐若干、筐5个、透明塑料回收箱5个、大头油性笔5支、统计表、小桌子5张。

（2）经验准备：活动前期开展过废旧物品回收的多项主题活动，幼儿已养成收集生活中易拉罐再利用的良好习惯；了解统计表格记录的方法。

（3）环境准备：小桌子5张，面向幼儿直线摆放。

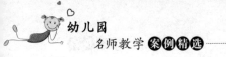
【活动过程】

教师导入：今天老师请小朋友一起来玩一个"放易拉罐"的游戏。这里有很多回收回来的易拉罐，请小朋友想办法把易拉罐完整地放在回收箱里。

1. 自由摆放易拉罐，探索不同的摆放方式

（1）幼儿分成5组进行游戏，在1分钟以内将易拉罐完整地放在回收箱内，能盖上箱盖并记录存放易拉罐的数量。

（2）通过存放数量的比较，让幼儿通过观察、感知，理解在相同的空间里，易拉罐摆放的方式不同，存放的数量也不同。

小结：在相同的存放空间里，把大小相同的易拉罐运用横、竖等多种方式整齐摆放，存放的易拉罐数量较多。

2. 改变易拉罐形状，理解压缩的方法

（1）探索用其他方法摆放，让相同空间的箱子能摆放更多的易拉罐。尝试改变易拉罐的外形，初步引入压缩的概念。

（2）教师提出新要求：在1分钟以内将易拉罐放在回收箱中，并能完整盖上盖子，放的易拉罐数量要比第一次多。（每组要求最少放13个易拉罐。）

（3）引领幼儿将第二次存放易拉罐的数量进行记录，并进行同组、异组对比，引领幼儿进一步感知，在相同的摆放方式下改变易拉罐的形状可以存放更多的易拉罐。

小结：改变易拉罐的形状后，在相同的存放空间里，用相同的摆放方式可以存放更多的易拉罐。

3. 提高难度，理解压缩与存放数量之间的关系

（1）教师提出新要求：在1分钟以内，让幼儿尝试用压缩的方法在回收箱内摆放更多的易拉罐，每组最少放18个。

（2）引导幼儿利用压缩的方法用手或脚将易拉罐的外形改变，然后再摆放易拉罐。引导幼儿发现压缩也有不同的方法，尽量把易拉罐压得更扁才能放得越多。让幼儿明白压缩与存放数量之间的关系。

小结：把易拉罐压缩后，用横、竖等多种摆放方式，把易拉罐与易拉罐之间的空隙减到最少，这样就可以存放更多的易拉罐。

幼儿在探讨压缩后的易拉罐与存放数量的关系

4. 拓展经验，了解废物回收的方法

播放课件，分享、讨论日常生活中废旧物品为什么要经过压缩处理，进一步感受生活中废旧物品处理的方法及其重要性。

【活动评析】

探究是幼儿通过观察、操作等方法发现问题、验证假设、形成解释，并与他人交流、检验的过程。在该活动中，教师积极支持幼儿获得探究的完整体验。

首先，教师展示易拉罐，提出摆放收纳的问题，引发幼儿的思考。其次，教师利用幼儿喜闻乐见的竞赛形式，让幼儿带着不同的问题开展了三次探索不同摆放方式的比赛。教师先引导幼儿在小组内部进行分工，推举出发言人、记录人等，合理地开展团队协作，每个小组的工作效率都很高。在每次竞赛中，教师鼓励幼儿猜一猜、试一试、记一记。幼儿运用已有的经验和知识猜想，并将小组成员的猜想付诸实践，实现了认识的主动建构。再次，教师给予幼儿充分的机会，让幼儿通过动手操作、团队讨论等形式搜集素材、推理预测，发现了易拉罐的摆放方法和大小对收纳数量的影响，验证了自己的假设。最后，教师用心地将幼儿间的交流探究渗透在每个环节中，除了关注小组内部的分工、

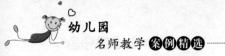

讨论、协调，教师还通过让幼儿合作完成记录表、推举发言人在集体面前介绍小组实验结果等方式，促进幼儿与同伴互相交流和学习。这种交流也有助于幼儿梳理思绪，使得探究行为更加深入。

整个活动的各环节层层递进，幼儿深入浅出地理解了抽象的压缩概念，从而获得了多方面的经验。

（该活动案例获第二届南海区学前教育青年教师教学基本功大赛二等奖）

案例6 大班科学活动：造桥墩

九江曾秩和纪念学校附属幼儿园　林清凤

【活动来源】

九江大桥是南海区一座重要的大桥，2007年6月15日，九江发生了一件轰动全国的大事，据报道，一艘船撞上了九江大桥的桥墩，导致部分桥面坍塌。工程师们用了两年的时间才完成了大桥的修复工作。在了解了九江大桥的故事后，小朋友们纷纷议论起来："为什么桥墩被撞断了，桥面就会塌？""桥墩有什么作用？""这么长的桥是怎样建造的？""造桥很难吧！"……

听着幼儿好奇的疑问，看着他们求知探索的目光，我们及时地把握住这一时机，开展了蕴含教育价值的"重建九江大桥"系列活动，希望通过"认识各种各样的桥""造桥墩""哪种桥面的承受力最大""我设计的九江大桥"等活动，培养幼儿善于发现、尊重实证、敢于创新的科学态度，激发幼儿对生活环境的关心，萌发幼儿爱家乡的情感。本次活动"造桥墩"是"重建九江大桥"系列活动之一，根据大班幼儿好奇心强、思维活跃的特点，选择幼儿熟悉且操作性强的纸杯为材料，让幼儿在"造桥墩"的探索过程中不断发现问题——引发思考、大胆设想——探究实践、获得经验——迁移经验，让幼儿在自主的、合作的操作活动中体验成功，获得自信。

【活动目标】

（1）积极参与纸杯承重的实验，初步积累有关桥墩的有益经验，体验探索的乐趣。

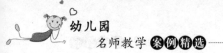
（2）能围绕探索中出现的问题，不断探究、尝试，养成善于发现、尊重实证的科学态度。

（3）结合重建九江大桥的契机，加强对生活环境的关注，萌发爱家乡的情感。

【教学重难点】

重点：初步积累有关桥墩的有益经验。

难点：理解桥墩与承重的关系。

【活动准备】

（1）材料准备：纸杯、太阳板、记录纸、笔、课件。

（2）经验准备：对桥有一定的认识。

【活动过程】

（一）回忆关于九江大桥的已有经验，知道桥墩的主要作用

（1）观看图片，提问：①这是哪里的桥？②九江大桥怎么啦？

（2）教师总结桥墩的作用，激发幼儿造桥墩的欲望。

（二）通过纸杯承重的实验，获得有关桥墩的有益经验

1. 幼儿猜想

（1）教师用一个纸杯做桥墩，请一个幼儿站上去尝试，结果纸杯被压扁了。

（2）幼儿猜想：多少个纸杯才能承受一个人的重量呢？

2. 幼儿第一次操作：探索多少个杯子才能承受起一个人的重量

（1）交代操作要求。

（2）幼儿操作，教师间接指导。

（3）验证幼儿的实验结果，帮助幼儿归纳、总结4个纸杯既稳固又节省材料，更有利于船只和水的流通（即桥墩布局的合理性）。

3. 幼儿第二次操作：尝试用4个杯子做桥墩

（1）交代操作要求。

（2）幼儿操作并记录，教师间接指导。

（3）验证幼儿的实验结果，帮助幼儿归纳、总结4个纸杯的摆放与承重的关系（即桥墩的位置布局与承重的关系）。

4. 幼儿第三次操作：合作搭长桥

（1）交代操作要求。

（2）幼儿操作，教师间接指导。

（3）幼儿走过长桥验证实验结果。

小结：2个纸杯造一个桥墩比1个纸杯造一个桥墩更坚固（即桥墩的坚硬度与承重的关系）。

幼儿走过用纸杯搭的长桥，验证实验结果

【活动评析】

幼儿天生具有好奇心，他们对生活环境中的科学现象很感兴趣，他们也乐于用各种方式去探究这个世界并发现其中的奥秘。探究是幼儿学习过程中难能可贵的学习品质。探究式学习能帮助幼儿不断感知、理解自己周围的世界，逐步养成敢于探索、关爱环境、尊重科学的素养。《3～6岁儿童学习与发展指南》在科学领域中指出，幼儿在探究中认识周围事物和现象。

在本活动案例中，幼儿通过九江大桥的故事，初步发现大桥桥墩的结构和功能之间的关系。教师捕捉到幼儿的兴趣，呵护幼儿的思考，创设条件支持幼儿开展科学探究活动。在活动中，教师利用幼儿对家乡九江大桥的好奇心，选材贴近幼儿生活，目标明确。活动设计由易到难、由浅入深。教师提供低结构的材料，将桥墩和纸杯的特点联系起来，这种联系起来思考问题的方式有助于幼儿发现关联、拓展思维，进而认识世界，发现科学原理。另外，教师在活动中建立平等的探究学习关系，使用启发性、开放式和递进式的提问，不断引导幼儿再一次尝试、探索、思考，让关于桥墩的探索一环扣一环地开展，幼儿在探索中获得挑战感和成功感。

（该活动案例获第二届南海区学前教育青年教师教学基本功大赛一等奖）

教师分组讨论如何提供低结构材料支持幼儿探究

案例7 大班数学活动：分类计数

西樵镇中心幼儿园　邓 华

【活动来源】

分类计数和加法运算既可以帮助幼儿提高计数的效率，又可以锻炼幼儿的逻辑思维能力。大班幼儿已经基本能使用点数、"大数记心里，小数往上数"等方法完成10以内的加法。为了巩固幼儿的加法运算能力，我利用集合的特点，依靠颜色这个特征，设计了供幼儿进行分类计数的几组练习，既能巩固计数能力，又能帮助幼儿理解整数和部分数之间的关系。

【活动目标】

（1）能准确进行10以内的分类计数。
（2）进一步感知总数与部分数之间的关系。
（3）能积极参与操作活动，并用语言表述操作结果。

【教学重难点】

重点：能准确进行10以内的分类计数。
难点：感知总数与部分数之间的关系。

【活动准备】

（1）材料准备：红和蓝大标志各两个、幼儿每人一个小颜色标志、×标志两个、表格、油性笔、果汁、PPT图片、蜡笔（红、黄、蓝）、铅笔、练习纸、两个盘子。

（2）经验准备：了解"大风吹"的游戏规则，有初步的颜色分类经验。

【活动过程】

（一）游戏导入，激发兴趣

（1）通过游戏复习红、蓝标志，如标志牌1所示。

师：今天老师和小朋友玩一个"大风吹"的游戏，我说"大风吹"，你们要说"吹什么"，我说"吹'红标志'的小朋友摸摸……跑回来"，拿着"红标志"的小朋友就要按我说的做。（教师与幼儿玩4次）

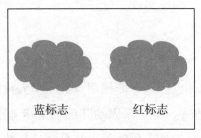

蓝标志　　　红标志

有多少：标志牌1

（2）巩固"不是某种颜色"的标志，做好铺垫。

师：出示×，这是什么？它是什么意思？如果我把它贴到红标志上面（如标志牌2所示），表示不是红颜色（同时也贴到蓝标志上面）。我们继续玩"大风吹"的游戏。

"不是蓝色"标志　　"不是红色"标志

有多少：标志牌2

（二）情境释疑，尝试分类计数，感知总数与部分数的关系

1. 逐步深入，习得分类计数的方法

（1）教师出示果汁图（如操作图1所示），引导幼儿观察。

师：大风吹得我们小朋友都累了，老师请你们喝果汁。红色的是西瓜汁（2

杯），黄色的是橙汁（3杯），蓝色的是蓝莓汁（2杯）。

有多少：操作图1

（2）教师引导幼儿为果汁涂色。

师：有的小朋友说有白色的果汁，有几杯？（3杯）其实是老师太急了，还没有倒果汁进去，谁来帮帮我？你喜欢喝什么果汁，就涂上相应的颜色。（请三个小朋友完成涂色，记录如操作图2所示。）

有多少：操作图2

（3）幼儿通过观察、操作，学习进行10以内的分类计数。

① 师：现在杯子里都有果汁了，数一数一共有几杯果汁？（10杯）我要把10杯果汁放在两个盘子里（如操作图3所示），一个放红色果汁的（红色标志），一个放不是红色果汁的（不是红色标志），每个盘子要放几杯果汁？

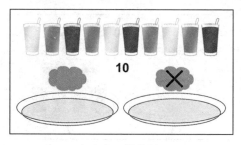

有多少：操作图3

②请小朋友操作。

小结：10杯果汁是一个整体，可以分成4杯红色果汁和6杯不是红色的果汁。10是一个总数，分成了4和6两部分（如操作图4所示）。

有多少：操作图4

③师：刚才是按"红色标志""不是红色标志"来分的，这次我们换一种分类方法（出示"黄色标志""不是黄色标志"）数一数各有几个，几个杯子用数字几来表示（出示操作图5）。

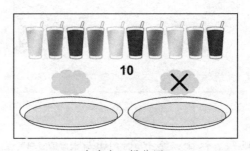

有多少：操作图5

10杯果汁是一个整体，可以分成3杯黄色果汁和7杯不是黄色的果汁。10是一个总数，分成了3和7两部分（如操作图6所示）。

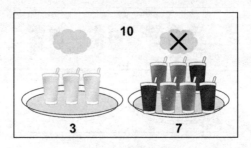

有多少：操作图6

无论按什么分类方法将果汁分成两部分，总数还是没有变。请幼儿完成表格（如操作图7所示）。

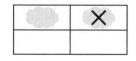

有多少：操作图7

④ 教师出示操作图8，请幼儿对比操作图7和操作图8有什么不同。

师：对了，下面多了一行，请小朋友在这一行填上蓝色果汁和不是蓝色的果汁的总数，请小朋友填表格。

小结：3和7组成10。一个**整体**，无论按什么分类方法分成几部分，总数是不会变的。

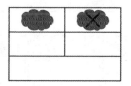

有多少：操作图8

2. 独立练习，巩固方法

师：小朋友这么能干！看看，池塘里游来了一群鸭子。有什么颜色的鸭子？分别有几只？请你们按表格里的小标志记录（如操作图9所示）。

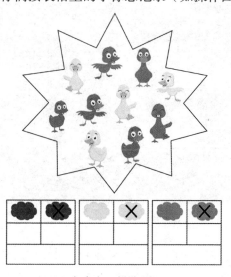

有多少：操作图9

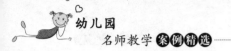
（三）拓展练习，巩固认知

（1）师：小朋友真了不起！（出示操作图10）河里的小鱼也要来和小朋友们玩游戏。请小朋友先给没颜色的小鱼涂好红色、黄色或蓝色，再按照小标志的要求把表格填好。

有多少：操作图10

（2）幼儿操作练习，教师评价练习。

教师引导幼儿分类、排序

教师选择三份幼儿练习拍照，放到电脑上，引导幼儿分享自己的分类方法。

师：这是一个多想法、多方法的练习题，谁的分类方法跟图片上的一样？

谁跟他们做的不一样？等会儿听听你的想法。无论怎么对小鱼分类，小鱼总数是不变的。一个总数无论怎么分成两个部分，总数都是不变的。

【活动评析】

《3～6岁儿童学习与发展指南》中明确提出5～6岁幼儿的发展目标：借助实际情景和操作（如合并或拿取）理解加和减的实际意义。能通过实物操作或其他方法进行10以内的加减运算。

学龄前儿童学习的加减运算主要涉及数的分解与合成，即把一个总数分成两个部分数，两个部分数合成一个总数。幼儿在积累了大量的实物操作和情境练习后学习数的分解与合成，可提高数运算的抽象水平。

大班幼儿已摆脱依靠实物操作解决问题的认知水平。在该活动中，教师创设情境，通过果汁、小鸭等饮料或动物的特征形成集合与它的不同子集，帮助幼儿通过图像表征来思考，并利用分类计数的方法展开讨论和进行记录。在教师层层深入的引导下，幼儿通过点数、"大数记心里，小数往上数"等方式准确地进行10以内的分类计数，并逐步感知整体与部分的关系。活动设计遵循幼儿数运算概念的发展轨迹，符合幼儿从具体形象思维逐步向抽象思维发展的认知发展特点，符合《3～6岁儿童学习与发展指南》的基本理念。

（该活动案例获佛山市幼儿教育教学活动案例评比一等奖）

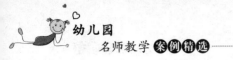

案例8　中班数学活动：排排乐

桂城中心幼儿园　劳婉敏

【活动来源】

《3~6岁儿童学习与发展指南》在科学领域的数学认知目标中提道，应帮助幼儿初步感知生活中数学的有用和有趣。在这个目标下的教育建议中也提道，应引导幼儿观察发现按照一定规律排列的事物，体会其中的排列特点与规律，并尝试自己创造出新的排列规律。幼儿对模式的识别和扩展易受材料的影响，他们往往比较容易理解具体的实物或动作、声音为材料载体组成的模式，因此，我设计了这个活动，利用颜色、声音、动作等特征帮助幼儿识别AB模式，并尝试扩展模式，理解同一模式可以用不同的方式来表征。

【活动目标】

（1）观察并识别模式，能用语言表述排序规律。

（2）尝试按规律扩展模式。

（3）使用不同的方式表征模式。

【教学重难点】

重点：观察并识别模式，能用语言表述排序规律。

难点：使用不同的方式表征模式。

【活动准备】

（1）材料准备："森林音乐会"挂图、洞洞板学具、鼓、音乐。

（2）经验准备：能听信号操作洞洞板上的棋子。

【活动过程】

（一）情境导入，初步识别模式

师：森林里正上演着一场音乐会，劳老师想带小朋友们去参加，不过这场音乐会有一个主题，如果小朋友能发现它，就可以获得音乐会的入场券。现在我们一起来寻找音乐会的主题吧。

教师出示"森林音乐会"舞蹈演员的挂图，引导幼儿关注演员排队的规律——穿着红裙子的演员后面都跟着一位穿着白裙子的演员。

师：今天老师想和小朋友讲讲"森林音乐会"的故事。大家看，"森林音乐会"开始了，大树下有一群舞蹈演员在表演。她们穿着漂亮的裙子。裙子的款式是一样的，颜色有些不同，你们能说说她们穿着什么颜色的裙子吗？

小结：她们的排队很有规律，我们可以用英文字母A代表穿红裙子的演员，用英文字母B代表穿白裙子的演员，这样的排序我们称为AB模式。

教师和幼儿交流学习体验

（二）迎接挑战，尝试扩展模式

1. 听鼓声，找规律

师：老师也想参加"森林音乐会"，我准备了一个打鼓的节目，请小朋友仔细听听，鼓声里藏着什么模式。

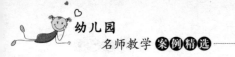

教师敲一下鼓面，再敲一下鼓边，重复6次。请幼儿说说鼓声的规律。当幼儿说出规律后，请他们使用不同颜色的棋子将鼓声表示出来。

（1）教师敲一下鼓面问：敲了哪里？敲了几下？可以用几颗棋子表示？请选一颗自己喜欢的颜色的棋子插在第一行的第一个洞洞上。

（2）教师敲一下鼓边问：敲了哪里？敲了几下？和刚才敲的地方一样吗？请用和刚才颜色不一样的棋子插在第一行的第二个洞洞上。

（3）同样的方法重复3遍，幼儿再插3组棋子后，说说自己插的棋子的颜色。

2. 利用规律扩展模式

教师按照其中两位幼儿的摆法在演示板上演示。提问：小朋友，看看这些棋子的摆法，你们发现了什么？你们觉得老师等一下会怎么打鼓？

教师引导幼儿找出演示板上棋子的规律，然后请幼儿按照自己的猜测在洞洞板上插满棋子。教师巡视观察幼儿的猜测是否符合这个模式，是否能顺利地扩展模式，并及时指导有困难的幼儿。

（三）能力迁移，使用不同的方式表征模式

师：刚才小朋友们发现，"森林音乐会"的演员排队和老师的打鼓都使用了AB模式，没错！这场音乐会就是"AB模式主题音乐会"！恭喜你们赢得了入场券！参加音乐会的所有人都要准备一个和AB模式有关的节目，小朋友们可以和小伙伴讨论一下，说说你想准备什么和AB模式有关的节目。

教师引导幼儿用声音、动作、语言等方式准备个人节目，鼓励幼儿分享、交流自己的节目内容。当幼儿准备并分享个人节目之后，教师鼓励幼儿以小组合作的形式，利用高矮、性别、姿态等准备小组节目。

小结：今天小朋友想出了很多不同的方式来参加"AB模式主题音乐会"，你们的表演太精彩了！原来AB模式可以变出这么多花样。但不管怎么变，它们都是按ABAB的规律来排列的。

【活动评析】

《3～6岁儿童学习与发展指南》中提道，应引导幼儿观察发现按照一定规律排列的事物，体会其中的排列特点与规律，并尝试自己创造出新的排列规律。规律不仅存在于图形、符号之中，还存在于颜色、形状、动作和声音中，该教师借用"AB模式主题音乐会"为主线,将识别模式、扩展模式、用不同的方式表征模式这三颗珠子串起来,通过颜色、声音、动作等特征不断提供恰当的发展性挑战,多样化的活动形式层次清晰,逐步深入,不断激发幼儿对模式的兴趣,调动幼儿参与的积极性。教师还通过用不同颜色的棋子来代替不同的声音,既增加了活动难度和趣味性,又培养了幼儿的代数思维。

幼儿通过动作、视觉、听觉的协同配合认识模式规律的重复性,并尝试扩展模式。活动的第三环节,教师鼓励幼儿将AB模式转化成各种不同的表现形式,帮助幼儿发现模式的本质规律并进行迁移。幼儿在与同伴的交流中逐渐发现同一种模式可以用不同的方式来表征。教师顺势总结提升幼儿关于模式的经验。活动一气呵成,幼儿学习状态积极,目标达成度高。

（该活动案例获佛山市幼儿教育教学活动案例评比一等奖）

课后"观察与反思"现场教研活动

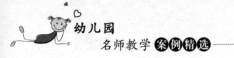
案例9　中班科学活动：绳子

南海区学前名师工作室　黄俏甜　李　莹

【活动来源】

李莹老师所在的幼儿园是实施蒙特梭利教学的幼儿园。在她成长为名师的三年教学中，作为导师的我给了她研究方向——如何把蒙特梭利教学中国化。本活动是在"惊奇一线"的主题活动研讨中生成的。绳子是幼儿生活中常见的物品，也是不同种类的线的一种，而"走线"和"操作学具"是蒙特梭利教学最常见的学习方式。在蒙特梭利教学中，幼儿有独立选择学习的自由，并通过直接感知、实际操作建构自己的学习经验。鉴于此，我们设计了这个活动，活动以数学最基本的核心经验集合为切入点，力求通过教研寻找蒙特梭利教学中国化的实践模式。

【活动目标】

（1）能感知和区分绳子的粗细、长短、颜色等方面的特点，并能用相应的词语描述。

（2）能按绳子的特征进行一级分类和二级分类。

（3）动手动脑探索绳子外形的变化，并乐在其中。

【活动准备】

（1）材料准备：

① 两条用来"走线"的绳子，一条长，一条短。

② 幼儿每人一个小盒，盒子内装：1条长的红色的粗绳子，1条短的红色的细绳子，1条长的黄色的细绳子，1条短的黄色的粗绳子。

③ 用绳子做的造型示范画。

④ 各种颜色、长短不一的绳子若干；剪刀、双面胶、图画纸。

（2）经验准备：幼儿已了解各种各样的线并对绳子有一定认识。

【活动过程】

（一）激趣导入，行走绳子

（1）将两条绳子分两行摆放在地上，一条摆成直直的，一条摆成弯弯曲曲的。（两条绳子摆放的长短是一样的。）

（2）在教师的带领下，幼儿双手叉腰，听音乐有序地在两条绳子上行走。

（3）走完绳子后，教师提问：

① 刚才走的两条绳子有什么不同？（一条是直直的，一条是弯弯曲曲的。）

② 哪一条比较容易走，哪一条比较难走呢？（直直的绳子容易走，弯弯曲曲的绳子比较难走。）

③ 你们注意观察一下两条绳子，哪条绳子长，哪条绳子短？（幼儿各自发表不同的意见。）

④ 要知道两条绳子哪条长，哪条短，你有什么好办法？（将两条绳子放在一起比一比等。）

⑤ 放在一起比一比是个好办法，但是比长短的时候应该怎样比才准确呢？（引导幼儿注意比长短一定要一头对齐，这样比才准确。）

⑥ 按照一头对齐的方法，将弯弯曲曲的绳子拿起放在直直的绳子下进行比较，你们猜哪条长，哪条短？（直直的绳子短，弯弯曲曲的绳子长。）

小结：比较两条绳子在等距情况下的长短，直直的绳子比弯弯曲曲的绳子短，弯弯曲曲的绳子比直直的绳子长。

（二）观察比较，分类绳子

给每个幼儿一个装有四条绳子的盒子，引导幼儿观察后提问：

（1）盒子里的绳子有什么不同？（颜色、长短、粗细不同。）

（2）颜色有什么不同？（有红色和黄色）幼儿描述后，教师请幼儿按不同的颜色将绳子分成两类。

（3）长短有什么不同？（有两条长，有两条短）幼儿描述后，教师请幼儿

按不同的长度将绳子分成两类。

（4）粗细有什么不同？（有两条粗，有两条细）幼儿描述后，教师请幼儿按不同的粗细将绳子分成两类。

（5）请幼儿仔细观察四条绳子的特点，找出又长又粗、又短又细、又长又细、又短又粗的绳子。

（三）动手操作，变化绳子

给每个幼儿发一些各种不同长度、颜色、质地的绳子和剪刀。

（1）请幼儿用给出的绳子变化出各种形状，并用语言向小伙伴描述出来。

（2）教师巡视，了解幼儿操作情况。

（3）教师提问总结。

① 变化绳子的长短。刚才我看见有的小朋友在用绳子做造型的时候用到了剪刀，为什么呢？（因为绳子太长了，我用剪刀把它剪短）绳子长了可以用剪刀剪短，还可以用什么方法让绳子变短呢？（把绳子对折也可以让绳子变短）绳子太短了，想它变长怎么办？（把两条绳子绑起来，用透明胶把绳子头尾粘起来等。）

② 变化绳子的粗细。如何把绳子变得粗一点？（把几条绳子编在一起，好像编头发一样；把绳子对折后拧一下就粗了）怎么把绳子变得细一点？（从粗的绳子里抽出一条条细线出来；把刚才编在一起的绳子解开就变细了。）

教师在指导幼儿

（四）自主延伸，造型绳子

教师出示用绳子做的造型示意图。提问：图上的花、草、树、木、太阳都是用什么做出来的？（各种各样的绳子）请幼儿活动后按照自己意图设计画面，并使用各种绳子在纸上进行装饰，完成的作品可以用来布置教室。

【活动评析】

本活动案例可在中班下学期或大班上学期进行，活动设计严谨细致，活动组织张弛有度，幼儿积极思考、主动应答，表现出认真专注、敢于尝试等良好的学习品质。

在蒙特梭利教学中，走线环节是活动前必须进行的，它的主要目的是安定幼儿的情绪，让他们以良好的状态来参与学习。李老师借鉴了这一方法，通过走两条不同摆法的绳子，让幼儿亲身体验了直直的绳子和弯弯曲曲的绳子的不同，并通过观察、猜想和验证来比较绳子的长短。以这种形式作为活动导入，既紧扣活动主题，浑然天成，也为后续的活动开展做了承前启后的铺垫。

《幼儿园教育指导纲要（试行）》中指出，提供丰富的可操作的材料，为每个幼儿都能运用多种感官、多种方式进行探索提供活动的条件。活动中，李老师为幼儿准备了丰富的操作材料，充分调动幼儿的多种感官进行自主性探究学习。幼儿在一次次的观察、比较、验证的操作中领会了集合中按属性分类，感知了绳子粗细、长短的变化，学习了比较、推理、验证的技能。对于本次活动的开展，我有两个建议：①幼儿的学习需要教师耐心等待。教师应理解和支持幼儿的反复观察和尝试行为，不要急于求成暗示操作结果。②幼儿的学习是有个体差异的。教师应为不同能力水平的幼儿提供不同难度的操作材料，而不是使用统一的一份材料，这样更贴近蒙特梭利教学尊重幼儿的原则。

（该活动案例是名师研讨活动，获广东省教学活动设计一等奖）

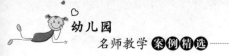
案例10　小班数学活动：玩具在哪里

西樵镇中心幼儿园　颜晓擎

【活动来源】

小朋友们都已经能够分清上、下两个方位了，但是在幼儿园的活动室中，很多玩具柜都有三层，这样的设计既节省了空间，又方便了幼儿取放玩具。小朋友在游戏中，由于语言表达的意识不强和对空间方位的了解不多，在提到某些玩具放在哪里时，常常使用那个、那里这样的代词来代替。为了方便幼儿的交流，丰富幼儿对空间方位的认识，我设计了这个活动。因为幼儿对上、下两个方位已经掌握得比较好，我特地增加了三个以图例呈现的方位标识，既适度提高了活动难度，又层层递进地帮助幼儿逐步从具体形象思维向抽象思维发展。

【活动目标】

（1）感知空间方位，能分辨上、中、下三个方位。
（2）能识别上、中、下的方位标识图，并将物体放在正确的位置。

【教学重难点】

重点：感知空间方位，分辨上、中、下三个方位。
难点：能识别上、中、下的方位标识图，并将物体放在正确的位置。

【活动准备】

（1）材料准备："上、中、下"三种方位标识图，三层玩具架、玩具若干（提前在不同的玩具上贴上不同的方位标识图）。

（2）经验准备：幼儿对上、下空间方位和空间对应有初步的认识和了解。

（3）环境准备：幼儿椅子下放置带标识图的玩具。

【活动过程】

（一）游戏导入，初步感知上、中、下三个方位

师：小朋友，伸出你的小手，一起来玩游戏，我们一起拍拍手！上拍拍，下拍拍，左拍拍，右拍拍，前拍拍，后拍拍。我加快速度略，上拍拍，下拍拍，左拍拍，右拍拍，前拍拍，后拍拍。看来加快速度也难不倒小朋友，你们真棒！好！小手小手放膝盖，看谁先把小手放好？你们真棒！

（二）情景学习，分辨上、中、下三个方位

师：贝贝羊家买了很多新玩具，今天她邀请小朋友去她家玩，我们来看看都有什么新玩具？哇！贝贝羊家有好多玩具呀！都放在了架子上，架子一共有几层？（教师配合手势指出架子的上、中、下三层。）

师：请小朋友告诉我上面都有些什么？中间呢？下面呢？（要求幼儿说出完整句式：架子上面/下面/中间有×××。如：架子上面有书本和花。）

请标出玩具在哪里

（三）认识方位标识图，了解标识图的作用

认识上、中、下三个方位的标识图及其作用。

师：小朋友的小眼睛观察得真仔细，贝贝羊还邀请了一个好朋友，我们看看是谁？

师：（出示小对钩"√"）它的名字叫小对钩，它的形状很特别，就像坐

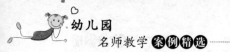
过山车一样，先往下再往上。（教师边说边用手画小对钩的形状）我们小手拿出来，一起来画一画小对钩（教师带领幼儿书空小对钩两次）。

师：调皮的小对钩最喜欢和小朋友玩游戏，玩游戏前小对钩想告诉小朋友三个密码。要记住密码才能玩游戏哦。我们一起来看看密码是什么。

教师分别出示上、中、下方位标识图，向幼儿介绍格子和玩具架之间的关系：小对钩躲在格子里，格子上也有上、中、下三层，和玩具架一样，小朋友能找到小对钩在格子上的什么位置吗？教师引导幼儿说出三个小对钩的方位。

师：小朋友都发现了小对钩的位置啦！这个图是第一个密码，小对钩在上面的格子里，它表示"要把东西放在上面"；小对钩在中间的格子里，它表示要把东西放在中间；小对钩在下面的格子里，它表示要把东西放在下面。

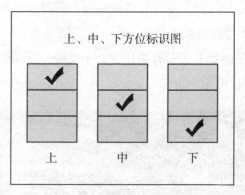

方位标识图

（四）识别标识，将物品放在正确的位置

1.了解识别标识图的方法

师：接下来，小对钩就要用三个密码和小朋友玩游戏啦！小对钩将密码藏在小玩具的身上，认识密码，就可以将小玩具准确地送回家了。我们来看看这些玩具住在哪里吧。

教师引导幼儿观察其中一种玩具——小车子的标识图，并鼓励幼儿说出车子的家在什么位置，邀请一位幼儿将小车子送回玩具架。再请一名幼儿观察熊宝宝身上的标识图，说出熊宝宝的家在哪里，并将熊宝宝送回家。

2. 独立操作，根据标识图将物品放在正确的位置

师：你们的椅子下面都有一些没整理好的玩具，请小朋友仔细观察小对钩的密码，将玩具送回自己的家。

教师提前在幼儿椅子下放一些玩具和标识图，请幼儿根据标识图将玩具放在玩具架上。教师巡回查看幼儿的操作情况，重点指导能力较弱的幼儿，并鼓励幼儿使用方位词表达自己的操作。

小结：今天小朋友在贝贝羊的玩具架的上面、中间和下面发现了新玩具，也认识了新朋友小对钩，还知道了小对钩的密码，它们告诉我们东西应该放在上面、中间还是下面。（教师一边小结一边出示相应的物品和标识图，帮助幼儿回忆活动要点，提升学习经验。）

【活动评析】

《3～6岁儿童学习与发展指南》中的科学领域提出，在数学认知方面，小班幼儿能感知物体基本的空间位置与方位，理解上下、前后、里外等方位词。《3～6岁儿童学习与发展指南》在教育建议中也提出，应丰富幼儿空间方位识别的经验，引导幼儿运用空间方位经验解决问题。

该活动从幼儿喜闻乐见的拍手游戏入手，看似随意的安排，却能看出教师对知识点的把握和用心设计。在此基础上，教师又通过创设贝贝羊邀请小朋友玩新玩具的情境，再次向幼儿介绍上、中、下三个方位，并确认幼儿对三个方位的掌握情况。在出示方位标识图时，教师以拟人的方式游戏化地开展教学，逐步引导幼儿认识上、中、下三个方位的标识。标识是符号的一种，教师借助一个有着上、中、下三行的表格，将符号运用到活动中，既尊重了小班幼儿以具体形象思维为主的认知发展特点，也有助于逐步培养幼儿在数学活动中图像化和抽象化的能力。本环节显示出教师在幼儿思维能力培养方面的技巧和远见。经过前期层层深入的铺垫，大部分幼儿在独立操作环节顺利完成任务。活动的教学效率和目标达成度高。

（该活动案例获佛山市幼儿教育教学活动案例评比二等奖）

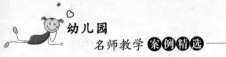
案例11　小班数学活动：找"山洞"

南海区教育发展研究中心　黄俏甜

【活动来源】

在幼儿园小班认识图形的教学活动中，很多教师认为，只要教师拿出图形（如三角形、正方形、圆形），幼儿能说出其名称，就代表幼儿已经认识和了解图形的特征了。但经过公开教学检验发现，幼儿其实知其然，不知其所以然。为了引导名教师关注并思考幼儿学习过程与方法、学习质量与品质，我在名教师公开教学活动中，经过课后反思、研究，重新建构了这个活动，旨在诠释教学活动的价值与意义。

【活动目标】

（1）能辨别三角形、正方形和圆形。

（2）能在教师的引导下初步表述三种形状的基本特征。

（3）乐于听指令玩游戏，体验学习的快乐。

【活动准备】

（1）材料准备：三角形3个（红、黄、绿，其中红色三角形最大），正方形3个（红、黄、绿，其中绿色正方形最大），圆形14个（4个大黄圈、6个小黄圈、2个小红圈、2个小绿圈），大灰狼头饰一个或衣服一件（配班教师扮演大灰狼用），音乐。

（2）经验准备：幼儿知道三角形、正方形和圆形三种形状的名称并能初步感知它们的特征。

【活动过程】

（一）游戏"小兔找'山洞'"，辨别并尝试表述三种形状的基本特征

教师（兔妈妈）边念儿歌边学着小兔跳将幼儿（小兔）带入游戏情境：小白兔，跳跳跳，跳到草地上，吃吃嫩青草（吃草状），小草好不好吃？香不香啊？吃到哪里去了？小兔是很聪明的动物，它们为了安全地躲开大灰狼，会挖不同的洞，我们来看看小兔挖了哪些山洞吧。

教师带领幼儿进入布置好"山洞"的场地上，引出问题：你们发现有什么形状的"山洞"？它们一样吗？有什么不一样？

小结：发现了三角形、正方形和圆形的山洞，它们的形状、大小、颜色不一样。

接下来，教师在游戏中引导幼儿辨别三角形、正方形和圆形的特征（教师可根据本班幼儿认知特点及年龄情况灵活调整形状的顺序）。

1. 观察三角形"山洞"的特征（边、角）

引入：请小兔先找三角形的"山洞"，再找一个最大的红色三角形"山洞"，站在红色三角形"山洞"的外面，小脚尖对着三角形的边边。

提问：三角形的边是直直的还是弯弯的？三角形一共有几条边？三角形一共有几个尖尖的角？

小结：三角形有三条直直的边，有三个角，所以叫三角形。

2. 观察正方形"山洞"的特征（边、角）

引入：请小兔找正方形的"山洞"，再找一个最大的绿色正方形"山洞"蹲下来，小脚尖对着正方形的边边。

提问：正方形的边是直直的还是弯弯的？正方形一共有几条边？正方形一共有几个尖尖的角？

小结：正方形有四条直直的边，有四个角。

3. 观察圆形"山洞"的特征（边、角）

引入：请小兔找到最大的黄色圆形"山洞"，试着绕着圆形"山洞"的边边走一圈，然后跳进去，跳出来。

提问：圆形"山洞"像什么？圆形的边是直直的还是弯弯的？圆形有没有

尖尖的角?

小结: 圆形的边是弯弯的,没有角。

(二)游戏"什么'山洞'最安全",进一步巩固三种形状的特征

教师创设"什么'山洞'最安全"的游戏情景,以大灰狼想吃小兔为情节,用大灰狼咚咚咚的脚步声来表达大灰狼的到来和离去,以稳定幼儿的注意力。特别提醒,兔妈妈要在小兔安静下来、集中倾听的情况下才神秘地向小兔发指令,大灰狼要等到小兔躲进安全"山洞"才走出来,要给幼儿选择安全"山洞"和检验入错"山洞"的时间,同时教师要营造大灰狼就要到来的紧张气氛,迫使进错"山洞"的幼儿自我纠错。

幼儿在全神贯注听教师发指令

游戏1: 红色的"山洞"最安全(指令)

情景描述:小白兔,跳跳跳,跳到草地上,吃吃嫩青草(蹲下来吃草状),咚!咚!!咚!!!(声音越来越大),一只脚步声很重很重的大灰狼来了,小兔围拢起来问兔妈妈:"什么'山洞'最安全?"兔妈妈要求小兔仔细听并发指令"红色的'山洞'最安全",小兔按指令躲进安全"山洞"。大灰狼走了一圈又一圈说:"刚才明明听到小兔的声音,怎么不见踪影呢?我去那边找找。"咚!!咚!咚(声音越来越小),大灰狼走了。

提问:你们躲的是什么颜色的"山洞"?"山洞"的形状一样吗?有什么不一样?

小结: 这些"山洞"都是红色的,但形状不一样,有圆形、三角形和正方形。它们的大小也不一样。

幼儿在找山洞

游戏2：没有角的"山洞"最安全（指令）

情景描述：小白兔，跳跳跳，跳到草地上，吃吃嫩青草（蹲下来吃草状），咚！咚！！咚！！！（声音又颤又重），一只又大又饿的大灰狼来了，小兔围拢起来问兔妈妈："什么'山洞'最安全？"兔妈妈要求小兔听好了并发指令"没有角的'山洞'最安全"，小兔按指令躲进安全"山洞"。大灰狼左看看、右看看，找不到小兔，灰溜溜地走了。

提问：你们躲的是什么形状的"山洞"？"山洞"的形状一样吗？有什么不一样？

小结：圆形的"山洞"形状是一样的，都有弯弯的边，没有角。但"山洞"的大小、颜色不一样。

游戏3：三条边的"山洞"最安全（指令）

情景描述：小白兔，跳跳跳，跳到草地上，吃吃嫩青草（蹲下来吃草状），咚！咚！！咚！！！（声音表现狡猾凶恶），一只又狡猾又凶恶的大灰狼来了，小兔围拢起来问兔妈妈："什么'山洞'最安全？"兔妈妈要求小兔听清楚了并发指令"三条边的'山洞'最安全"，小兔按指令躲进安全"山洞"。大灰狼走到三角形"山洞"的旁边，左闻闻、右闻闻，气喘喘地说："唉！刚才明明看见小兔在这里吃草，现在躲到哪里去了？我到那边再瞧瞧。"咚！！咚！咚……大灰狼的脚步声越来越远，听不见了。

提问：你们躲的是什么形状的"山洞"？"山洞"的形状一样吗？有什么

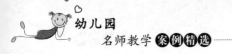

不一样？

小结：三角形的"山洞"形状是一样的，都有三条边、三个角。但"山洞"的颜色、大小不一样。

游戏4：正方形的"山洞"最安全（指令）

情景描述：可参照（游戏1—游戏3），也可自行创编。

提问：你们躲的是什么形状的"山洞"？"山洞"的形状一样吗？有什么不一样？

小结：正方形的"山洞"形状是一样的，都有四条边、四个角，但"山洞"的颜色、大小不一样。

游戏5：黄色的圆形"山洞"最安全（指令）

重点关注幼儿在游戏中是否能既关注到颜色，又关注到形状。

情景描述：可参照（游戏1—游戏3），也可自行创编。

提问：你们躲的是什么颜色的"山洞"？"山洞"的形状一样吗？有什么不一样？

小结：黄色的圆形"山洞"的颜色和形状是一样的，都有弯弯的边，没有角。但大小不一样。

【活动评析】

本活动创设了"小兔找'山洞'"的游戏情景，具有趣味性和神秘感，能有效地稳定幼儿的注意力、激发学习兴趣，符合小班幼儿的认知特点和学习期望，幼儿始终积极、专注、快乐地按指令投入游戏，在对图形的直接感知与体验中不断巩固对三种图形特征的认知，体验学习的快乐。活动目标清晰明了、具体合理，能贯穿分解在整个学习过程中，师幼互动良好。以下有两点建议供参考：①建议教师在准备"山洞"（图形）时，最好选择能方便幼儿游戏但又不易破损的材料，以免幼儿在游戏中触碰断裂，分散学习注意力，影响学习效果。如能在户外场景中玩这个游戏就更有挑战性和吸引力。②活动目标及内容可根据小班不同年龄段进行调整，本活动选择的对象是小班下学期的幼儿。

（该活动案例是广东省黄俏甜名师工作室名师共研课例）

第五章

艺术教育

　　幼儿园艺术教育是通过各类活动丰富幼儿的情感，培养幼儿初步感受美、表现美的情感和能力的教育。艺术是幼儿表达认识和情感的另一种语言，艺术活动是一种情感和创造性活动，幼儿在艺术活动过程中应有愉悦感和个性化的表现。幼儿艺术教育应在引导幼儿接触生活中的美好事物、丰富感性经验和情感体验的基础上进行。教师要理解并积极鼓励幼儿与众不同的表现方式，注意不要把艺术教育变成机械的技能训练。

　　本章从幼儿的学习与发展、学习与发展目标和教学案例精选三个部分进行阐述，以便教师从理念、目标、实操全方位了解艺术教育的开展。

第一节　幼儿的学习与发展

　　《3～6岁儿童学习与发展指南》中指出，艺术是人类感受美、表现美和创造美的重要形式，也是表达自己对周围世界的认识和情绪态度的独特方式。

　　每个幼儿心里都有一颗美的种子。幼儿艺术领域学习的关键在于充分创造条件和机会，在大自然和社会文化生活中萌发幼儿对美的感受和体验，丰富其想象力和创造力，引导幼儿学会用心灵去感受和发现美，用自己的方式去表现和创造美。

　　幼儿对事物的感受和理解不同于成人，他们表达自己认识和情感的方式也有别于成人。幼儿独特的笔触、动作和语言往往蕴含着丰富的想象和情感，成人应对幼儿的艺术表现给予充分的理解和尊重，不能用自己的审美标准去评判幼儿，更不能为追求结果的完美而对幼儿进行千篇一律的训练，以免扼杀其想象与创造的萌芽。

第二节 学习与发展目标

一、感受与欣赏

目标1：喜欢自然界与生活中美的事物。

3～4岁	4～5岁	5～6岁
（1）喜欢观看花草树木、日月星空等大自然中美的事物 （2）容易被自然界中的鸟鸣、风声、雨声等好听的声音所吸引	（1）在欣赏自然界和生活环境中美的事物时，关注其色彩、形态等特征 （2）喜欢倾听各种好听的声音，感知声音的高低、长短、强弱等变化	（1）乐于收集美的物品或向别人介绍所发现的美的事物 （2）乐于模仿自然界和生活环境中有特点的声音，并产生相应的联想

目标2：喜欢欣赏多种多样的艺术形式和作品。

3～4岁	4～5岁	5～6岁
（1）喜欢听音乐或观看舞蹈、戏剧等表演 （2）乐于观看绘画、泥塑或其他艺术形式的作品	（1）能够专心地观看自己喜欢的文艺演出或艺术品，有模仿和参与的愿望 （2）欣赏艺术作品时会产生相应的联想和情绪反应	（1）艺术欣赏时常常用表情、动作、语言等方式表达自己的理解 （2）愿意和别人分享、交流自己喜爱的艺术作品和美感体验

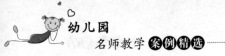
二、表现与创造

目标1：喜欢进行艺术活动并大胆表现。

3～4岁	4～5岁	5～6岁
（1）经常自哼自唱或模仿有趣的动作、表情和声调 （2）经常涂涂画画、粘粘贴贴并乐在其中	（1）经常唱唱跳跳，愿意参加歌唱、律动、舞蹈、表演等活动 （2）经常用绘画、捏泥、手工制作等多种方式表现自己的所见所想	（1）积极参与艺术活动，有自己比较喜欢的活动形式 （2）能用多种工具、材料或不同的表现手法表达自己的感受和想象 （3）艺术活动中能与他人相互配合，也能独立表现

目标2：具有初步的艺术表现与创造能力。

3～4岁	4～5岁	5～6岁
（1）能模仿学唱短小歌曲。 （2）能跟随熟悉的音乐做身体动作 （3）能用声音、动作、姿态模拟自然界的事物和生活情景 （4）能用简单的线条和色彩大体画出自己想画的人或事物	（1）能用自然的、音量适中的声音基本准确地唱歌 （2）能通过即兴哼唱、即兴表演或给熟悉的歌曲编词来表达自己的心情 （3）能用拍手、踏脚等身体动作或可敲击的物品敲打节拍和基本节奏 （4）能运用绘画、手工制作等表现自己观察到或想象的事物	（1）能用基本准确的节奏和音调唱歌 （2）能用律动或简单的舞蹈动作表现自己的情绪或自然界的情景 （3）能自编自演故事，并为表演选择和搭配简单的服饰、道具或布景 （4）能用自己制作的美术作品布置环境、美化生活

以上摘自《3～6岁儿童学习与发展指南》

第三节　教学案例精选

案例1　大班艺术活动：有趣的流动画

狮山松岗中心幼儿园　孔美娘

【活动来源】

在传统的学前教育中，美术被理解为一种外在于儿童的知识、技能。而在瑞吉欧学前教育体系中，美术被认为是内在于儿童的一种语言，是儿童自我表达的工具。所以，作为幼教工作者，我们必须为幼儿搭建一个表现自己情感和生活体验的平台，有效地促进幼儿想象力、创造力的发展，培养幼儿想象、创新、求异的能力和多角度思维的意识。

我们可以设计一个简单又好玩的美术活动，在教学的过程中化难为易，把自己的教育意图巧妙地隐藏，让每一位幼儿感觉绘画是那么简单、轻松又好玩，最终在玩的过程中达到预设的教学目标。依据大班幼儿已有经验，我设计了"有趣的流动画"。

【活动目标】

（1）借用流动画的创作方式，鼓励幼儿大胆地表现自己的情感和生活体验。

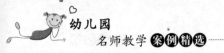

（2）能大胆想象添画，愿意与别人交流、分享。

（3）激发作画的兴趣，培养幼儿的想象力、创造力。

【教学重难点】

重点：大胆想象添画。

难点：根据自己的情感和体验想象出丰富的画面内容。

【活动准备】

颜料、画纸、水彩笔。

【活动过程】

（一）与大画板跳舞，激趣导入

（1）指导语：老师知道你们画画很棒，而且跳舞也特别好看。那你们试过与大画板一起跳舞吗？今天，老师带来了一张大画板，我们一起来和大画板跳跳舞吧。

（2）指导语：请小朋友们过来，我们围在大画板的周围，双手拿着画板。让我们一起跟着音乐动起来吧！

（二）了解流动画，大胆发挥想象

1. 观察流动画的作画方法

（1）出示颜料。指导语：颜料宝宝也说要跟你们一起跳舞呢！这张纸就是它跳舞的舞台。我们先把颜料宝宝挤在画纸上，音乐响起的时候，我们就和颜料宝宝一起跳舞。等音乐停下来后，我们再来看看画板上有什么有趣的变化吧！

（2）指导语：音乐停了，请小朋友们一起坐下来休息一下吧。原来我们刚才这样子玩能变出有趣的画。请大家看一看、想一想，你们在这幅画里面发现了什么？（请个别幼儿回答）

2. 动手创作流动画

（1）指导语：小朋友们可真棒，大家看到的和想象的都不一样。小朋友你们看，老师这里有一块小画板，颜料宝宝也想在小画板上跳舞，想玩吗？（提出要求）等会儿小朋友在玩的时候得小心，不要把颜料宝宝弄到眼睛和嘴巴里面，如果手脏了，请用毛巾来擦。

（2）指导语：小朋友，老师看到你们的画都很有趣。现在，请小朋友轻轻地把椅子转过来。请大家看一看、想一想，在你的画里面发现了什么？然后把你看到的、想到的告诉你旁边的好朋友吧！

幼儿创作流动画

（三）大胆想象添画，丰富画面内容

指导语：小朋友，老师知道你们在自己的画里面发现了很多特别的东西。这里有五颜六色的画笔，请小朋友大胆地把刚才的画变得更有趣、更有意思吧！（幼儿自由创作）

在这个环节，不同的幼儿会有不同的表现，教师巡回指导时应关注幼儿的个体差异。

（1）对于想象力强但添画能力弱的幼儿：有些幼儿想象力与语言表达能力都很强，他们能想象出丰富精彩的故事，但他们的画面上只添画了简单的几笔，面对这样的幼儿，我们要抛出几个新问题，激发他们更大的创作欲望与创作空间。

（2）对于想象力弱但添画能力强的幼儿：有些幼儿可能在添画方面能力强，可以创作出一幅丰富多彩的美术作品，但是可能他们的语言表达能力稍弱，那么对于这样的幼儿，教师要做的只是安静地观察，给予足够的时间与空间让幼儿用他们绘画的方式来表达就可以了。

（3）对于想象力和添画能力弱的幼儿：面对一些想象力、创造力、语言表达能力与绘画能力都相对较弱的幼儿，教师要先从引导幼儿观察现有的线条像

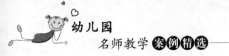

什么开始，在像什么的基础上再引导幼儿添上什么就能变成另一样东西了。

（四）分享彼此作品，讲述画面故事

（1）指导语：老师看到有很多小朋友已经完成了，请和身边的好朋友互相说一说自己的作品。

（2）指导语：老师觉得小朋友们可真了不起，把画面变得那么丰富、那么有趣。谁愿意把你的作品放到小电影里面与大家一起分享呢？（展示个别幼儿作品，鼓励幼儿大胆讲述自己的画。）

【活动评析】

艺术是人类感受美、表现美和创造美的重要形式。美术是儿童的一种语言，是自我表达的工具。从活动设计和现场教学来看，这是教师深入学习领会《3～6岁儿童学习与发展指南》，对艺术领域的美术教学进行新尝试的实践探索。教师以流动画为主线，通过集体创作流动画—自主创作流动画—分享我的流动画三大教学程序，展开幼儿对流动画的想象与表达，活动组织严谨有序；教法、学法简单有趣，师幼互动积极有效，自始至终教师的教育思想在流动：想象比知识更重要；孩子在前，教师在后；面向全体，关注个别；用心去发现美，用自己的方式去表达美、创造美等，简单轻松的美术活动，从孩子的一幅幅作品、一个个故事中我们看到了教育的不简单。建议教师尝试用多种物品如球去创作流动画，也可以综合运用集体、小组、个人等多种组织形式，让幼儿自主选择不同材料去创作流动画，丰富他们对周围世界的认识，拓宽想象与表达的空间。

（该活动案例获第四届南海区学前教育青年教师教学基本功大赛特等奖）

案例2 大班音乐活动：小熊维尼和跳跳虎

狮山小塘中心幼儿园 汤莉莎

【活动来源】

迪士尼乐园是幼儿喜爱的一个游玩圣地，许多幼儿都去过迪士尼乐园，也认识很多迪士尼动画中的角色。"小熊维尼和跳跳虎"这个活动运用了迪士尼动画里面经典的两个人物，通过故事情节将著名音乐《瑞典狂想曲》形象化地展现在幼儿面前，并让幼儿感受、创编剧情里面的动作。这不但让幼儿初步理解了音乐，而且充分发挥了幼儿的想象力，使活动的趣味性大大增强。

【活动目标】

（1）通过故事情节，初步感受音乐三段体的变化。

（2）根据音乐旋律、故事情节创编表演动作。

（3）在充分想象、创编、表演中获得愉快的情感体验。

【教学重难点】

重点：感受音乐的旋律，理解音乐三段体的变化。

难点：创编双人舞及保护蜂蜜的动作。

【活动准备】

（1）材料准备：电教平台、课件"迪士尼乐园欢迎你"、音乐《瑞典狂想曲》片段、图片4幅。

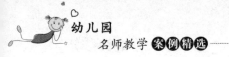

（2）经验准备：幼儿已经熟悉迪士尼乐园里面的经典人物，会模仿他们的形体动作；欣赏过双人舞。

【活动过程】

1. 欣赏音乐，初步感受音乐的旋律

欣赏音乐《瑞典狂想曲》2次，初步感受音乐的旋律。

（1）欣赏音乐《瑞典狂想曲》。

指导语：你们听完这首音乐有什么感觉？听到这首欢快的音乐想做什么啊？

（2）再次欣赏音乐，教师通过身体语言表现音乐，引出小熊维尼和跳跳虎。

指导语：有两只可爱的小动物，听到这首欢快的音乐也走来了，我们再来听听音乐，猜猜是谁来了？

2. 分段引导，按故事情节创编动作

（1）跟着音乐的旋律分别创编小熊维尼、跳跳虎走路的动作。（音乐片段一）

① 出示小熊的图片。

指导语：是谁来啦？有谁知道这只胖胖的小熊是怎么走来的呢？

② 再出示跳跳虎的图片，请幼儿模仿跳跳虎走路。

③ 把幼儿分成两组，跟着音乐分别模仿小熊和跳跳虎走路。

（2）给小熊维尼和跳跳虎创编双人舞表演动作。（音乐片段二）

① 让幼儿猜想，小熊和跳跳虎走来是要干什么呢？

指导语：你们想了那么多，我们一起来听听是不是和你们想的一样？（放小熊和跳跳虎将去参加双人舞表演的录音广播。）

指导语：双人舞是几个人跳的？你们见过双人舞吗？在哪里见过？

② 让幼儿们合着音乐的旋律尝试创编双人舞。

③ 选出有代表性和特别的动作，加以提炼，然后让全部幼儿一起学，最后合上音乐表演一遍。

（3）根据音乐旋律续编故事情节并进行情境表演。（音乐片段三）

① 引领幼儿猜想：小熊维尼和跳跳虎表演得非常棒，他们领了奖品蜂蜜回家了，在路上发生了一件有趣的事，我们一起来听听音乐，猜猜发生了什么事。

② 出示小熊和跳跳虎被蜜蜂追的图片，让幼儿进行模仿表演。在跟随音

乐表演之前，先让幼儿想出不同捧蜂蜜的方法，如：扛、背、抱、双人抬、顶等。

指导语：原来，蜂蜜的香味引来了一群嘴馋的蜜蜂，哎呀！小朋友，蜜蜂来了，小熊和跳跳虎该怎么保护蜂蜜呢？

幼儿在感受音乐三段体的变化

3. 回顾梳理，再次完整感受和表演音乐

（1）知道音乐有三段及每一段的情境表演内容。

① 刚才我们表演的音乐叫《瑞典狂想曲》，这首音乐一共分为几段呢？

② 一起来听听。（再次分段加入插图，欣赏完整的音乐。）

（2）随着音乐的旋律完整地进行表演。

【活动评析】

创造机会与条件让幼儿接触多种艺术形式与作品，支持幼儿自发的艺术表现与创造，萌发幼儿对美的感受和体验，丰富其想象力与创造力是艺术领域教育的核心所在。这是一个从事幼教工作一年多的青年教师，她在幼儿园教研团队的帮助下，用集体智慧演绎了这个艺术教学活动。这个活动是南海区送课下乡教研活动中被点名率最高的，受到同行的青睐与认同，本活动成功之处在于：①教师个人艺术领悟力和表现力强，容易感染和影响幼儿投入学习；②打破艺术活动较多是教师示范、幼儿跟学的模式，以故事情节贯穿，以问题为导向，积极调动幼儿将生活经验迁移到音乐中，大胆感受猜想，用动作进行模

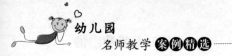

仿、创造与表现；③以幼儿为主体，充分尊重、理解幼儿独特的表现方式，积极、及时地支持与评价幼儿的艺术表现，让幼儿开心、快乐地参与本次活动。但由于教师教学经验不足，在尝试创编双人舞环节，操之过急，提示太多，造成幼儿跟不上教学节奏，希望在课后教研活动中继续探讨。

（该活动案例获第四届南海区学前教育青年教师教学基本功大赛特等奖）

案例3 大班音乐欣赏：《赛龙夺锦》（选段）

南海区祈福英语实验幼儿园 李 萍

【活动来源】

每年的端午节，全国各地都举行规模盛大的龙舟竞渡活动，以纪念爱国诗人屈原。划龙舟是一项集体活动，鼓锣手和水手团结一致、齐心协力才能取得最后胜利。南海龙舟文化源远流传，不管是电视上播出的龙舟赛还是江边的比赛现场，幼儿都非常喜欢观赏，但是亲身尝试的机会却几乎没有。

广东音乐《赛龙夺锦》选段，较好地展现了龙舟健儿全力以赴夺锦的场景，完整地描绘出赛龙舟的热闹景象。为让幼儿了解广东音乐风格，感知乐曲的旋律、意境，传承本土文化，本次活动运用情境描述方式让幼儿感受音乐的结构特点，体验赛龙舟的乐趣。

【活动目标】

（1）感受乐曲单三部曲式结构，知道乐曲表现了五月端午龙舟竞渡的热闹场面。

（2）培养对音乐的理解能力，能随音乐用动作表现赛龙舟场景。

（3）激发集体荣誉感，体验团队合作精神。

【教学重难点】

重点：感受乐曲单三部曲式结构。

难点：能随音乐用动作表现赛龙舟场景。

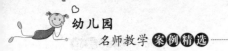
【活动准备】

（1）材料准备：广东音乐《喜洋洋》《赛龙夺锦》选段、《龙舟乐》，视频课件，用滑溜布做成红、蓝龙舟2艘，大鼓2个，锦旗2面，展示插板1块，龙舟比赛的预备、开始和过程、最后冲刺、领奖图片各1张，小旗子10面。

（2）经验准备：幼儿通过网络或现场直击等方式，知悉划龙舟这项运动。

（3）环境准备：将龙舟摆放于活动场地两侧；大鼓摆放于龙舟前方，面向龙舟。

【活动过程】

（一）欣赏音乐，知道五月端午节赛龙舟的习俗

1. 欣赏音乐《赛龙夺锦》选段

让幼儿欣赏乐曲，音乐描绘了赛龙舟的场景，热闹有气势，节奏明朗，让人感到很兴奋、很欢快。

指导语：你听了音乐之后有什么感觉？

幼儿随着音乐感受划龙舟的快乐

2. 结合多媒体课件，欣赏视频

教师播放课件，引发幼儿对赛龙舟的兴趣，让幼儿了解赛龙舟这一项本土习俗文化。

指导语：音乐到底讲了一件什么事情？什么节日会赛龙舟？你们知道赛龙舟是怎样的一个过程吗？

小结：这段音乐是广东音乐《赛龙夺锦》的选段，分别描述了龙舟比赛的预备——开始和过程——最后冲刺、领奖。

（二）分段理解，感受乐曲的单三部曲式结构

（1）分段欣赏，感受乐曲的单三部曲式结构，借助课件倾听音乐，找出与音乐段落相匹配的图片。

指导语：你听到这段音乐描述的是赛龙舟的哪一部分？请你找出与它相匹配的图片。

（2）引导幼儿用动作表现乐曲。

（3）再次完整欣赏乐曲，充分感受乐曲。

指导语：根据音乐段落的不同，请小朋友想想赛龙舟的每个过程可以用什么动作来表演。我们一起一边听着音乐，一边做动作。

总结幼儿的动作：预备（有节奏地敲响锣鼓）；开始划龙舟（单脚跪立单桨或双桨划行、擦汗）；冲刺（加快速度划桨）；划龙舟结束后（欢呼雀跃）。

（三）竞赛游戏，随音乐用动作表现赛龙舟场景

游戏规则：幼儿分成红、蓝2队进行竞赛，选出1名鼓手，其他为赛龙舟队员。队员根据音乐《赛龙夺锦》所表现的赛龙舟过程做出相应的动作，要求以组为单位，动作要整齐划一，表现出赛龙舟的场面和气势。根据2队队员的表现颁发"齐心协力奖""团结一致奖"。

（四）分享体验，感受团队合作的力量

小结："赛龙舟"需要所有队员齐心协力、坚持不懈，才能取得胜利！

【活动评析】

创造条件让幼儿接触多种艺术形式和作品，是艺术领域教育的目标之一。赛龙舟是佛山地区一项传统的民间运动，《赛龙夺锦》是著名的广东音乐。活动中，教师巧妙运用赛龙舟场景，整合了听、看、赏、练、赛、享等多种教学手段，帮助幼儿感受了广东音乐风格，增进了对赛龙舟过程的认识；了解了乐曲单三部曲式结构，练习了赛龙舟的动作，表现了赛龙舟的场景，培养了团队合作的力量。从听觉、视觉到运动觉都给了幼儿充分的想象、表达、体验的机会。特别是在分段解读乐曲单三部曲式结构时结合运用了图片配对的辅助手

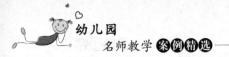
段，教师更好地检测了幼儿对重点的理解。建议教师在活动设计第二部分增加对单三部曲式结构的解释，让读者能清晰理解教师的设计意图。

（该活动案例获第四届南海区学前教育青年教师教学基本功大赛一等奖）

幼儿分组进行赛龙夺锦1

幼儿分组进行赛龙夺锦2

案例4 大班美术活动：手形彩绘

西樵太平幼儿园 李淑华

【活动来源】

《幼儿园教育指导纲要（试行）》提出，艺术活动要为幼儿提供自由表现的机会，鼓励幼儿用不同艺术形式大胆地表达自己的情感、理解和想象。所以，这次大班的美术活动，我一改以往让幼儿在画纸上画画的模式，设计了创意活动"手形彩绘"。通过让幼儿做一做，想一想，画一画，鼓励幼儿大胆想象，发挥创意，在手上涂画出自己喜欢的手形彩绘作品，发展幼儿的想象力和创造力。

【活动目标】

（1）了解手形彩绘，大胆运用色彩进行手形彩绘。
（2）发展想象力和创造力，激发创造美的情感。

【教学重难点】

重点：了解手形彩绘。
难点：大胆运用色彩进行手形彩绘。

【活动准备】

材料准备：水粉颜料、毛笔、水桶、毛巾等若干、绘画专用罩衣、课件、照相机、音乐。

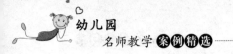
【活动过程】

（一）欣赏图片，激发兴趣

1. 欣赏手形图，谈谈自己的发现

（1）指导语：今天老师带你们去观看一些有趣的展览，请观察这些展览是用什么变出来的。

（2）幼儿互相交流，谈谈自己的发现。

2. 模仿摆手形，感受手形变化的乐趣

（1）指导语：谁能用小手摆出你刚才看到的手形？它像什么？

（2）幼儿模仿、描述，感受手形变化的乐趣。

（二）观看课件，了解彩绘

1. 观看单幅作品，认识彩绘

（1）组织幼儿逐一观看手形与手形彩绘的课件，激发创作的欲望。

（2）引导幼儿联想：小手摆出的手形像什么？如果给它涂上美丽的颜色，又会变成什么呢？

小结：我们的小手不仅可以做出动物的造型，还可以做出人物的造型。只要我们开动脑筋在手上涂上合适的颜色，就可以变出不同的手形彩绘作品。

2. 教师示范绘法，讲解要求

（1）示范手形绘法。

指导语：手形彩绘是先用我们的小手摆出造型，然后在上面涂上美丽的颜色。（教师边讲解、边示范）

（2）讲解彩绘要求。

指导语：使用颜色的时候要注意，先从水桶里取出毛笔，在毛巾上吸干水分，然后蘸上你喜欢的颜色，涂颜色时一定要均匀，颜色要鲜艳。如果颜色没有了，再蘸一下颜料。换颜色时，把毛笔洗干净，在毛巾上吸干水分后，再蘸颜料。

3. 观看更多作品，加深认识

（1）引导幼儿观看更多手形彩绘图片，加深幼儿对手形彩绘的认识。

指导语：为了丰富小朋友的想象力，老师为你们准备了许多手形彩绘图片。

（2）提问个别幼儿，交流发现。

指导语：你们喜欢哪一张图片？请用你们的小手摆出图片中的造型。

（三）尝试创作，发挥创意

（1）交代要求：提醒幼儿关于卫生和安全的注意事项。

指导语：在画之前先把袖子卷起来，手上的颜料别碰到旁边的小朋友。

（2）尝试绘画：鼓励幼儿大胆发挥想象。

（3）巡回指导：多关注能力不高的幼儿，给予指导。

幼儿亲自体验手部彩绘

（四）分享交流，作品展示

（1）同伴分享：画好的小朋友可以跟你的好朋友互相交流你的手形彩绘作品。

（2）个别分享：请个别幼儿讲述自己创作的手形彩绘作品。

（3）集体表演：请小朋友随着音乐和你的手形彩绘作品一起表演吧！

（4）合影留念：一起给我们的作品照个相留影吧！

【活动评析】

美术是幼儿表达自己的认识和情感的重要途径。手形彩绘的教学活动给幼儿创设了想象美、创造美和表现美的机会。活动中，当我们看到幼儿能根据自己头脑中所想象的物体用手摆出造型，涂上美丽的颜色创造出新的作品并能运用自己的作品配合身体动作进行表演的时候，我们感受到了幼儿学习的成功

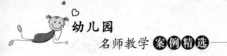

与快乐。活动中，教师在幼儿自主进行手形彩绘创作的过程中，不做过多干预或把自己的意愿强加给幼儿，在幼儿需要帮助时给予具体指导是本次活动的亮点。建议教师对幼儿创作的作品实施多维度、鼓励式的评价（造型、色彩、变化、动感），这能激发幼儿更大的想象、创造与表达空间。

（该活动案例获第四届南海区学前教育青年教师教学基本功大赛一等奖）

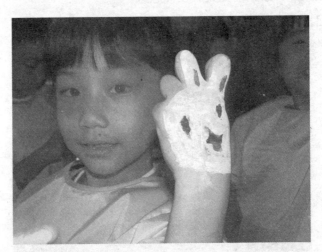

幼儿手形彩绘作品1

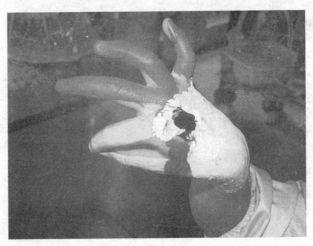

幼儿手形彩绘作品2

案例5 大班舞蹈创编活动：快乐探戈

桂城康乐怡幼儿园 罗志玲

【活动来源】

有一次，我带着幼儿在户外活动时玩了"喜羊羊打灰太狼"的游戏，幼儿想出很多对付灰太狼的方法。有的幼儿把自己的手当成枪，有的幼儿两两合作，把两支枪合起来变成大炮来打灰太狼。这几对幼儿的合作看起来好像是在跳探戈，于是我将他们的户外游戏设计为音乐游戏"快乐探戈"。为了激发幼儿的兴趣，我融入了"小勇士去打怪兽"的游戏，幼儿作为勇敢的小勇士，在游戏中体会探索、创造、自我表现所带来的快乐。从认识探戈舞到尝试结伴舞蹈，层层推进，始终让他们感觉到自己好像真的身临其境一般，不会觉得上课有什么压力，自然而然地参与到活动中。

【活动目标】

（1）学习舞蹈的基本动作，尝试结伴舞蹈。
（2）欣赏探戈舞蹈的艺术美，感受舞蹈带来的快乐。

【教学重难点】

重点：学习探戈中甩头的基本动作。
难点：尝试结伴舞蹈。

【活动准备】

材料准备：音乐、探戈成品舞蹈。

【活动过程】

（一）声势游戏，练习不同节奏

指导语：罗老师准备带小朋友参加森林里的舞会，小朋友想去吗？想参加舞会的小朋友得先学会几个舞蹈动作，请大家找个舒服的位置坐下来，我们一起来练习。

教师与幼儿一起表演

1. 节奏练习

（1）拍手：1234567嘿。（4慢4快）×× 　 ×× 　 ×× 　 ×-。

（2）拍脸：1234567嘿。

2. 节奏练习×××××

（1）手指：×××××。

（2）脚：××。手：×××。（2次）

（3）脚：××。头：×××。

3. 跟音乐（完整音乐）

（1）手指：×××××。拍手：×× 　 ×× 　 ×× 　 ×-。脚：××。

头：×××。脚、腿、腰、肩：×× 　 ×× 　 ×× 　 ×-。

（2）幼儿两两互动。

幼儿站起来先踏步，最后拍手：×× 　 ×× 　 ×× 　 ×-。

（二）情境设置，练习手、脚及头部动作

1. 手的练习

（1）指导语：刚刚罗老师收到一个消息，和我们一起去参加舞会的小动物们被一只凶恶的怪兽拦住了，现在需要我们的帮助，我们一起去打怪兽。只有小勇士才能跟我去，你们有没有信心当小勇士？

（2）指导语：现在我们一起来掏出手枪，把枪架起来，腰挺直，眼睛看着手枪。老师发现你们拿枪的样子真神气。准备：前面×××，后面×××，上面×××，下面×××。

2. 脚的练习

（1）指导语：看来小朋友都会用枪了，好，现在我们拿着枪一起去打怪兽。请小朋友找一个舒服的位置。

四次：走，走×××。

（2）指导语：我们跟着音乐再来一遍。

左边四次：走，走×××。

右边四次：走，走×××。

3. 头的练习

指导语：哎呀，这怪兽太聪明了，听到枪声就躲起来了，我们不开枪，一起来找一找，看一看。这边，走走，哦，这边没有哦，我们向另外一边，看一看，还是没有，我们继续向前走。（左边和右边各2次）

（三）结伴舞蹈，游戏中尝试跳探戈

（1）指导语：还是没有打跑怪兽，它肯定是不怕我们的枪，小朋友想想，我们除了用枪，还可以用什么武器打跑怪兽？（幼儿自由发表意见）大炮？好办法。那请你们找个好朋友，和他一起架一座大炮。架大炮时注意我们的手要交叉握好，这样的大炮才最直、最厉害。来，变变变。（老师检查）好啦，现在大炮都架好了，我们一起来找怪兽。

（2）跟着音乐架大炮找怪兽。

指导语：我想怪兽应该都躲在大树后面了，我们一起去找一找。

（3）打败怪兽，跳舞庆祝。

指导语：你们找到怪兽了么？哦！告诉你们一个好消息，刚刚，我看到怪

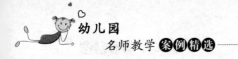
兽已经被我们吓到洞里面去了。你们高兴吗？来，我们一起手拉手围圈圈跳起来。

（4）完整表演，感受音乐及节奏。

指导语：真开心！咦，狡猾的怪兽见我们在这里跳舞又偷偷地出来了。好，让我们架起大炮，准备好（可以交换你的好朋友）。

（四）示范欣赏，感受探戈舞蹈的美

（1）指导语：今天，老师还带来了一段好看的舞蹈，我们一起来欣赏吧。（和彭佳宋老师表演舞蹈）

（2）指导语：这个舞蹈的名字叫作探戈，探戈是两个人的舞蹈，我们打怪兽的时候跟这段舞蹈有哪些地方是一样的？

（3）幼儿完整舞蹈。

指导语：我们的舞会开始了，让我们舞动起来吧。小朋友的舞姿太美了！以后我们也经常练习今天的舞蹈动作，让我们的探戈越跳越好！

【活动评析】

这是一个舞蹈创编活动，到了大班，幼儿在艺术活动中能与他人相互配合，也能用律动或简单的舞蹈动作表达自己的情绪或自然界的情景。教师在设计本活动时，能巧妙运用幼儿喜欢打仗的特点，创设了"参加森林舞会，遇到怪兽，打怪兽"的故事情景，通过各种感官节奏练习、寻找怪兽的脚步练习、拿起枪、炮打怪兽形态动作练习三个步骤，让幼儿一步步掌握探戈的基本舞蹈动作，整个活动组织严谨、从易到难、层层深入，充分调动了幼儿为打倒怪兽而刻苦练习的高昂情绪，打破了舞蹈教学呆板无趣的局面，特别是通过开枪三声、甩头三下让幼儿掌握本活动的重点，非常见效，幼儿一个个睁大眼睛，俨然是一个威武的斗士，很有创意。建议教师在组织幼儿进行舞蹈动作练习时，注意处理好幼儿人数与现场位置空间调度的关系，让幼儿能更大胆地进行艺术表现与创造。

（该活动案例获第四届南海区学前教育青年教师教学基本功大赛一等奖）

案例6 中班美劳活动：瓶子娃娃大变身

南海机关第二幼儿园 叶 婷

【活动来源】

低碳、环保的生活模式已走进我们的生活，人们也深刻感受到环境危机带来的灾难。在生活中，各种外观时尚、颜色漂亮的饮料瓶吸引着我们的眼球，激发着我们的购买欲望。喝完饮料后随手把瓶子当废品丢掉，这是不环保和浪费的行为。环保教育应从幼儿时期抓起。所以我选择这个题材，通过与幼儿一起收集用过的瓶子，鼓励幼儿以大胆、创新的设计装饰和美化环境，从而增强幼儿的环保意识。

【活动目标】

（1）能利用环保材料进行大胆、富有创意的装饰。

（2）培养动手操作的能力和对美的欣赏力。

【教学重难点】

重点：能利用环保材料进行大胆、富有创意的装饰。

难点：将自己的创意变成现实。

【活动准备】

（1）瓶子的手工创意制作范例10个。

（2）各种塑料瓶子、双面胶、油性笔（红色、黑色）、各色糖纸、蛋挞壳、塑料袋、吸管、各色毛毛虫、立时贴、小亮片、蝴蝶结、剪刀、边角布

197

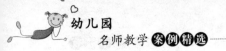

料、魔法棒、小舞台两个等。

（3）音乐、课件。

【活动过程】

（一）欣赏范例，了解创作过程

1. 幼儿跟着音乐在教师的带领下学小模特进场

指导语：新年快到了，小朋友们都喜欢打扮得漂漂亮亮的，今天带你们去漂亮的T型舞台上当小模特表演。当老师拿着魔法棒说"变变变"的时候，你们就要换一个造型，看谁表演得最棒。

2. 欣赏课件

指导语：有一群瓶子娃娃也想来当小模特，我们一起来看一看，（播放课件）现在向我们走来的是1号小Danny，他有很时髦的短头发，还穿着橙色且有条纹的衣服，简直帅呆了！接着走来的是2号……（教师依次按出示的瓶子娃娃的特征、穿着来介绍。）

幼儿在欣赏瓶子娃娃变身

3. 欣赏范例，了解创作过程

（1）观察两个作品的特征。

指导语：这一场走秀表演精彩吗？今天老师把它们请到现场来了（教师拉开小舞台的布帘），你们看1号小Danny，他的头发是怎样的？眼睛是大的还是小的？他穿着什么衣服？酷不酷？我们再看看3号小Coco，她有什么颜色的头发？头发上还戴着什么？穿着什么样的衣服？衣服上还有什么呢？

（2）了解作品的材料与制作方法。

指导语：老师的这些好朋友是怎样制作出来的呢？用的是什么材料呢？

教师出示装饰材料，并向幼儿介绍材料及制作方法。

（二）自主选材，大胆想象制作

教师引导幼儿对瓶子娃娃进行造型构思，激发幼儿对瓶子娃娃进行创意装饰的愿望。

（1）请幼儿与同伴说说自己需要的各种材料，鼓励幼儿思考好后再操作。

（2）播放音乐，请幼儿找位置动手制作，充分允许幼儿按自己的构思需求选择装饰材料。

（3）提醒幼儿要注意的事项，如：用剪刀的安全，纸屑、垃圾放在篮子里。

（4）教师观察幼儿的操作情况，在幼儿有需要时给予适当点拨、指导。

（三）展示作品，相互欣赏表演

1. 大胆介绍作品

完成作品的幼儿在小舞台上相互介绍作品的名称，教师鼓励幼儿大胆对自己的作品进行表述。

2. 展示作品

先请幼儿分四组表演。再请幼儿一个跟着一个，手持自己的作品跟着音乐的节奏展示作品。

（四）经验迁移，拓展生活趣味

教师引导幼儿将在日常生活中收集的一些环保材料进行大变身，把它们变成有用的东西或装饰品来美化我们的生活，从小树立争当环保小公民的意识。

【活动评析】

到了中班，幼儿能运用绘画、手工制作等多种形式表现自己观察到或想象的事物。本活动选择了生活中最常见的塑料瓶作为主要素材，以瓶子娃娃变身为主线，提供丰富的装饰材料，通过对装饰材料进行分析与利用、T台走秀表演等手段，让幼儿自主选择装饰材料，用自己喜欢的方式去装扮瓶子娃娃，提升

了幼儿的想象力、创造力和表现力。建议在活动目标中增加情感目标"树立环保意识，增强幼儿保护环境的主动愿望"，体现活动设计的完整性。

（该活动案例获第四届南海区学前教育青年教师教学基本功大赛二等奖）

2014年，区教育局局长亲临教师自制教玩具展示现场

南海区青年教师（艺术领域）教学基本功大赛幼儿制作的小鳄鱼作品

案例7　中班音乐游戏：快乐的小厨师

南海机关幼儿园　徐　奎

【活动设计】

《幼儿园教育指导纲要（试行）》中指出，培养幼儿喜欢艺术活动，并能大胆地表现自己的情感和体验，用自己喜欢的方式进行艺术表现活动。中班的幼儿喜欢玩游戏，喜欢扮家家，愿意随音乐手舞足蹈，而做面条、煮面条等活动都来源于生活，幼儿经常看到爸爸妈妈做。音乐游戏"快乐的小厨师"既为幼儿提供展示生活经验的机会，也拓展了幼儿的创造性思维，同时还提高了幼儿对艺术活动的兴趣。

【活动目标】

（1）通过掌握揉、削、甩、拉等基本动作，表现生活中做面条的基本过程。

（2）根据音乐的变化进行游戏，完整表现音乐。

（3）体验与同伴交流、合作所带来的快乐。

【教学重难点】

重点：通过掌握揉、削、甩、拉等基本动作，表现生活中做面条的基本过程。

难点：根据音乐的变化进行游戏，完整表现音乐。

【活动准备】

（1）材料准备：教学视频《大厨师做面条》、合成音乐（第一段音乐做面

条，第二段音乐煮面条，第三段音乐下配料）。

（2）经验准备：生活中面条的种类、煮面条的经验。

【活动过程】

（一）观看视频，唤起经验

（1）引导幼儿回忆已有的相关经验：你见过什么样的面条？面条是怎样做出来的？

（2）观看视频：《大厨师做面条》。

指导语：现在我们就一起来看看拉面和刀削面是怎么做成的，你们可要认真看哦！

（二）自由创编，表现做面条的过程

（1）指导语：大厨师可真厉害！大厨师是怎样做面条的？让我们一起来学大厨师做面条吧！

鼓励幼儿自由合作创编揉、削、甩、拉的动作。

（2）引导幼儿倾听音乐，并随着音乐节奏表现做面条的过程。

指导语：大厨师喜欢一边听音乐一边做面条，因为他觉得这样心情很好。快乐的厨师做出来的面条也特别好吃。让我们一起听着音乐做面条吧。

教师念儿歌《做面条》，引导幼儿随音乐表现做面条。

做面条

揉面团，揉揉揉。

削面条，削削削。

甩面条，甩甩甩。

拉面条，拉拉拉。

（三）游戏"煮面条"，表现煮面、下配料的动作

1. 尝试使用动作表现煮面条、下配料的过程

指导语：刀削面做好啦，拉面也做好啦。大厨师要煮面条了。煮面条要做些什么呢？你们可以用动作表现出来吗？

请幼儿自由尝试创编动作，邀请做得好的幼儿上前表演。

2.幼儿随着音乐节奏表现煮面、下配料的动作

指导语：水开了，我们先下面条，再下配料，好香啊！面条煮好了，我来闻一闻！小厨师们，你们怎么张嘴咽口水啊？你们也想吃吗？要不，我们再煮一锅吧！小厨师们，你们煮的面条真好吃，只要你们继续努力，一定能升级成为大厨师的！加油哦！

幼儿和教师一起表演

（四）游戏"快乐的小厨师"，完整表现音乐

1.完整倾听音乐

（1）指导语：小厨师们，刚刚我们学了做面条、煮面条、下配料，煮出了一锅香喷喷的面条，下面就让我们跟着音乐好好地回忆一下。（放音乐）

（2）交流分享：听完音乐后，感觉怎么样？

2.第一次游戏。幼儿和教师一起讨论游戏玩法和规则，并进行游戏

（1）指导语：下面让我们听着音乐来做快乐的小厨师吧！不过，你们可要听清楚音乐哦！小厨师听到不同的音乐是会做不同的事情的。

（2）指导语：小厨师们，你们的厨艺这么好，祝贺你们顺利升级成为大厨师啦！

3.第二次游戏。尝试用不同的玩法，体验自由创编游戏的快乐

指导语：你们做的面条这么好吃，要是能够跟其他人一起分享那就好了，你们愿意跟谁分享啊？现在我们需要做一大锅面条跟其他人分享，让我们手拉手围成一口又大又圆的锅吧！大厨师们，要是我们的面条加上不同的配料，味道会更棒的！等会儿你们记得加进去哦！

（五）把快乐的面条和其他人分享

指导语：今天我们一起学做快乐的厨师，小朋友都做得很棒！让我们把这充满欢乐、香喷喷的面条送给我们喜欢的人吧！

【活动评析】

适宜幼儿发展的教学内容对幼儿表现与创造能力的发展有推动作用。教师应提供适合幼儿模仿、理解的歌曲、舞蹈或故事表演，鼓励幼儿多听、多看，让他们在欣赏中学习如何表现。厨师形象是幼儿比较熟悉、喜爱的，能引起幼儿情感上的共鸣，促进幼儿积极、热情地参与活动。音乐游戏"快乐的小厨师"从幼儿的兴趣出发，活动环节设计合理、流畅、层层递进，适合中班年龄段的幼儿。

活动中采用师幼共同扮演厨师的形式，以游戏的口吻引导幼儿欣赏和感受音乐，顺理成章地营造出了音乐中所需要表现的情感氛围。教师对幼儿在活动中展现的生活经验及时归纳、提升，创设机会让幼儿尽情释放自己的情感。幼儿感受到的不仅是音乐，而且是在厨房里快乐工作的情景。他们在整个音乐游戏中主动积极，大胆表现音乐的节奏和形象，体验音乐带来的欢乐，获得了艺术体验。

（该活动案例获第四届南海区学前教育青年教师教学基本功大赛特等奖）

案例8 中班音乐活动：停顿游戏

九江曾秩和纪念学校附属幼儿园 曾楚文

【活动来源】

德国著名的音乐教育家卡尔·奥尔夫曾经说过：每一个儿童都具有音乐的才能，问题仅在于通过音乐教育要尽量发展它和培养它。在这个过程中，最重要的是让幼儿自己去找，自己去创造音乐。根据中班幼儿的学习特点，我特意选取了一首节奏欢快、跳跃的，有着独特的曲式结构的外国乐曲。通过图片联想唤起共鸣、视听结合动作体验、发挥想象创意表达等环节来唤起幼儿对音乐想象的共鸣，从而更直观、形象地体验音乐情绪和特点，让幼儿发挥想象，创意地跟随音乐运用肢体动作表达生活中的停顿。

【活动目标】

（1）感知音乐的特殊结构——停顿，尝试用有创意的身体动作进行表现。

（2）在游戏中充分感受音乐的情绪风格和动感节奏，体验音乐带来的快乐。

【教学重难点】

重点：感知音乐的特殊结构停顿。

难点：能听出停顿前的重拍。

【活动准备】

（1）材料准备：音乐（*Phrase Craze Mixer*）、课件、家庭问卷。

（2）经验准备：了解生活中有关停顿的现象。

【活动过程】

（一）"小汽车"游戏，为新内容做铺垫

教师与幼儿一边唱着《小汽车》的歌曲，一边游戏。当教师唱"嘀嘀、嘀嘀，汽车开"时，幼儿排着长长的队伍开小汽车；当教师唱"嘀嘀、嘀嘀，汽车停"时，幼儿停下小汽车。

教师与幼儿一起表演音乐中的"停顿"

（二）图片联想，理解音乐跳跃、轻快的特点

（1）欣赏音乐。

（2）通过图片的比较与选择表达对乐曲的感受，唤起对音乐的联想与共鸣。

图片一："跳绳"与"睡觉"——音乐是跳跃的。

图片二："骑马"与"乌龟爬"——音乐是轻快的。

（三）欣赏音乐，感知音乐中的特殊结构停顿

（1）欣赏音乐，听出音乐中的特殊结构停顿部分。

（2）通过身体动作进一步体验音乐的欢快情绪，初步感知音乐的结构。

教师以手指数量的变化突出音乐的停顿次数，表现音乐有四个段落。教师以重复起点的动作突出音乐有重复的开头。

（四）观看动画，捕捉停顿前的重拍

（1）欣赏动画，谈谈动画里的角色，进一步感受音乐的停顿部分。

（2）关注动画中"鳄鱼"与"交通灯"的出现，帮助幼儿理解停顿结构。

（3）听出停顿前的重拍，创编身体动作进行表现。

（五）发现生活中的停顿，尝试用有创意的动作来表现

通过竞赛游戏"创意大比拼"激发幼儿创作的欲望，启发幼儿用更形象、更美的动作来表现，并注意音乐中的停顿。

【活动评析】

这是一个富有创意的音乐活动，为让幼儿学习音乐中的停顿这个小知识，教师别出心裁想了很多有趣的办法，引导幼儿倾听和分辨音乐节奏风格，鼓励幼儿用自己的方式来表达他们对音乐强弱、快慢的感受。本活动以解决"音乐中的停顿"为知识点，通过图片联想——理解停顿，欣赏音乐——感知停顿，观看动画——捕捉停顿，生活体验——表现停顿的教学策略的运用，让幼儿在活动中敢于并乐于表达和表现。整个活动选材简单，目标具体，组织紧凑，互动积极，气氛活跃，体现了教师较强的组织能力和艺术表现力，特别是运用动画"小动物过河"中的鳄鱼的出现来解决停顿前的重拍这个难点，效果明显，大大满足了幼儿的视觉感受。建议在活动延伸部分，拓展更多生活中的停顿的场景，给幼儿提供更多机会表现与表达。

（该活动案例获第四届南海区学前教育青年教师教学基本功大赛特等奖）

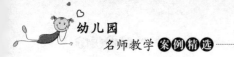
案例9 中班音乐活动：造型独特的小木偶

大沥中心幼儿园 何晓文

【活动来源】

《木偶奇遇记》是意大利作家卡洛·科洛迪创作的童话，深受小朋友的喜爱。小木偶憨态可掬的动作也是小朋友们常常模仿的。看到孩子们对木偶这么感兴趣，我不禁想到了中国传统艺术文化——木偶戏。在我小的时候，经常能看到一些可爱的木偶、皮影表演，但现在的幼儿似乎对这些传统艺术文化完全不知晓。因此，我特地选择了《俏夕阳》这首音乐，结合幼儿对木偶动作的兴趣，创作了"造型独特的小木偶"这个音乐活动，让幼儿在游戏中感受和了解木偶、皮影艺术，享受传统艺术文化带来的欢乐。

【活动目标】

（1）尝试用不同的肢体动作创编A段音乐的动作造型。

（2）尝试用乐器演奏B段音乐。

（3）能积极参与活动并大胆进行木偶表演。

【教学重难点】

重点：尝试用不同的肢体动作创编A段音乐的动作造型。

难点：尝试用乐器演奏B段音乐。

【活动准备】

（1）材料准备：音乐《俏夕阳》、屏幕一个、光灯一盏、黑板两块、小木偶23个、响棒11对、手鼓11个。

（2）经验准备：幼儿已经在课前了解了木偶的动作特点：硬硬的，像木头人，形态各异。

（3）环境准备：将乐器分别放在两个篮子里，让幼儿自行选择，并按所选的乐器分两组坐。

【活动过程】

（一）观看木偶表演，听A段音乐模仿木偶律动

1. 观看木偶表演，初步感受木偶的动作

指导语：刚刚你们看到小木偶的手、脚和头是怎么动的？

2. 摆弄小木偶，学做木偶的动作

指导语：你们刚刚已经发现小木偶的动作特点了。老师这里有些不会跳舞的小木偶，你们要帮它们摆出不同的造型，而且要学学它们的动作。

感受小木偶表演的特点

（1）给幼儿每人发一个小木偶，让幼儿为木偶摆出不同的造型。

指导语：老师会把小木偶送给你们，当你们摆好造型后，就把小木偶放到黑板上。小朋友要想办法为自己的木偶摆出跟黑板上的其他木偶不一样的造型。

（2）请幼儿模仿自己为木偶摆的造型。

（3）请幼儿自由做出跟黑板上的木偶不一样的造型。

指导语：你们刚才为小木偶摆的造型都很可爱，现在老师要加大难度。你们要做出跟黑板上的小木偶不一样的造型。你们可以做做你们喜欢的造型，可以往上往下、往左往右、站着或蹲着。当老师说"1，2，3，变！"的时候，请你们变出一个你们喜欢的造型，看谁的造型最特别！

3. 听A段音乐，模仿小木偶跳舞

（1）指导语：刚才小朋友学小木偶做动作，创造了很多不同的动作。今天老师带来了一段音乐，请你们听一听，思考能否用这段音乐来表演木偶舞。

（2）指导语：你们想不想上台做一回小演员，表演木偶舞呀？

请幼儿分组上台听音乐跳舞，教师引导其他幼儿点评、鼓励他们。

木偶舞剪影

（二）分组使用乐器，演奏《俏夕阳》B段音乐

（1）把幼儿分成两组，分别学习使用响棒和手鼓。

指导语：小木偶的家有很多乐器宝宝，你们认识它们吗？

① 介绍响棒。

指导语：这叫响棒。将两根响棒碰在一起就能发出声音。请你们把小手指变成响棒，用你们的响棒来跟老师一起演奏，谁做得棒，我就把响棒送给谁。

② 介绍手鼓。

指导语：（同上）

③ 领取乐器。

（2）播放B段音乐，幼儿听音乐在教师的指挥下演奏。

（三）轮流自由创编，大胆参与木偶戏、皮影表演

指导语：小木偶看了你们的舞蹈，开心极了！它现在邀请你们与它到幕后参加木偶舞会。

（1）请4位幼儿到幕后创编小木偶的动作，引发幼儿的兴趣。

指导语：你们想不想到幕后去表演呀？老师可是有要求的。当你们进到幕后，做的动作，要跟旁边的小朋友不一样，大胆地做出你们喜欢的造型吧。

（2）分批请幼儿到幕后听音乐表演小木偶的动作。

【活动评析】

《3～6岁儿童学习与发展指南》在艺术领域表现与创造这个目标中指出，5～6岁幼儿能用律动或简单的舞蹈动作表现自己的情绪或自然界的情景。该活动中，教师借助幼儿对小木偶的动作感兴趣这个契机，整合《俏夕阳》皮影和木偶戏这些中国传统艺术文化，通过引导、鼓励幼儿创编各种不同的动作，结合音乐跳舞。活动各环节紧扣目标，环环相扣、层层递进。教师在活动中激情饱满，肢体语言丰富多样，对音乐作品的情绪特点把握和传递到位。教师以幼儿为主体，充分发挥幼儿的主动性，并能关注幼儿的差异，创设了一个让幼儿敢于表现自己和大胆创造的氛围。幼儿在活动中自信大方，在教师的引导下创意不断。活动不仅在动作的空间上不断突破，而且尝试小组合作，赢得了在场教师的一阵阵赞叹。

（该活动案例获第四届南海区学前教育青年教师教学基本功大赛一等奖）

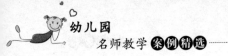
案例10　小班音乐活动：小木偶和小精灵

西樵泰和幼儿园　阮艳华

【活动来源】

小班幼儿对音乐很敏感，喜欢听着音乐模仿各种有趣的形象。因此，在奥尔夫音乐《快与慢》的活动设计中，我利用小木偶滑稽有趣和小精灵活泼灵巧的形象带动幼儿感受音乐，通过游戏让幼儿感受和辨别音乐速度的快慢，帮助幼儿更好地理解音乐，体验活动带来的快乐。

【活动目标】

（1）通过模仿小木偶和小精灵的动作，感知与辨别音乐速度的快慢。

（2）乐意参与音乐活动，体验活动带来的快乐。

【教学重难点】

重点：感知与辨别音乐速度的快慢。

难点：在角色游戏中根据音乐的快慢交换角色。

【活动准备】

（1）材料准备：音乐、课件、呼啦圈、角色道具。

（2）经验准备：幼儿对音乐的快慢有一定的认识。

【活动过程】

（一）互相问好，初步感知快慢

师幼拍手问好，教师引导幼儿分别用快与慢的语速与小精灵和小木偶打招呼。

指导语：小朋友，今天老师给你们介绍一位朋友，你们看（出示木偶），他是小木偶，他说话的速度很慢，我们和他打个招呼吧；这是小精灵，他说话的速度很快，我们也和他打个招呼吧。（鼓励幼儿用慢和快的语速打招呼。）

（二）欣赏音乐，辨别音乐快慢

1. 欣赏音乐，初步辨别音乐速度的快慢

指导语：小木偶带来了一段音乐，请你听一听，等一会儿告诉老师音乐的速度是快还是慢。

小结：小朋友们听得真仔细，这首音乐有时速度快，有时速度慢。

2. 学做动作，表现音乐速度的快慢

指导语：你们跟着老师来拍一拍，注意听准音乐的快和慢。

教师出示小木偶表演，让幼儿感受其特点

3. 创编动作，表现音乐速度的快慢

指导语：除了拍手，我们还可以用什么动作来表现音乐速度的快慢？（鼓励幼儿大胆创编，如果幼儿觉得困难，教师可做动作提示，如点头、拍肩膀、

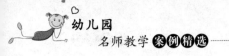

拍膝盖、跺脚等。）

（三）创设游戏，表现乐曲快慢

（1）指导语：小木偶听到这么有趣的音乐，开心地跳起舞来。小朋友和小木偶一起舞蹈吧。引导幼儿模仿小木偶慢慢地跳舞，表现慢速度的音乐。

（2）指导语：小精灵也来了，小朋友和小精灵一起跳舞吧。引导幼儿模仿小精灵的动作，表现快速度的音乐。

（3）角色游戏，巩固对音乐速度快慢的理解。

① 游戏规则：呼啦圈代表舞台，音乐速度慢的时候，小木偶在圈里做自己喜欢的动作，小精灵在圈外准备；音乐速度快的时候，小木偶和小精灵就交换位置做动作。

② 幼儿自选角色玩3遍游戏，交换角色玩3遍游戏。

小结：今天我们和小木偶、小精灵一起听着音乐跳舞、做游戏，小朋友们的舞姿好美！而且能和着音乐的速度来跳舞，真的好棒！

【活动评析】

艺术活动以培养幼儿的审美感受能力为主要目标，教师应有目的地引入游戏活动，以便增强幼儿对艺术审美的兴趣。该活动中，教师使用幼儿喜闻乐见的迪士尼动画角色——小木偶和小精灵的动作特点，从知识、技能、情感的三维目标思考，活动目标建立在幼儿已有的经验上，难易适中，适合小班幼儿的年龄特点。

在活动中，教师借助游戏帮助幼儿感知与辨别音乐速度的快慢。在活动的引入部分让幼儿通过玩拍手游戏轻松感知音乐节奏的不同。为了让幼儿"玩中学，学中玩"，教师又分别设计了占圈、角色扮演等游戏，启发幼儿辨别音乐的快慢并用动作表现音乐快慢。活动中教师充分调动幼儿参与音乐活动的积极性。活动结束后，幼儿意犹未尽，仍沉浸在扮演小木偶和小精灵的角色中。他们在游戏中既巩固了对不同节奏的音乐的理解，又体验到了游戏的快乐。

（该活动案例获第二届南海区学前教育青年教师教学基本功大赛二等奖）

后 记

　　为了促进全区幼儿教师的专业成长，南海区教育发展研究中心协同南海区学前教育协会大胆尝试，致力建构区域教研"南海范式"。通过区域推动、镇街带动、全园行动这一路径，采取自下而上征集教研内容，自上而下组织教研实施的策略，确保教研问题源于实践，组织实施落到实处，解决问题注重实效，最终促进区域教研螺旋式向上发展。

　　在十几年的探索中，南海区以幼儿教师专业发展为中心，通过研"生"、研"师"、研"研"三条主线将教研内容板块化，依次确立"教研课题项目""专业能力提升项目""名师引领项目"及"教研运行项目"四大项目。在项目的推进中，南海区教育局搭建专业的研训平台，通过做前培训（理清思路，明确方向），做中研讨（把握难题，重点突破），做后研训（反思领悟，梳理经验）三个阶段，围绕教师师德、教学能力、技能技巧开展基本功大赛，全方位助力教师专业知识及技能发展，促进教师专业能力提升。本书提供的活动案例均精选于"南海范式"区域教研建构过程中针对青年教师开展的"专业能力提升项目"的教研成果。

　　我们欣喜地看到幼儿教师在参与教研活动过程中的点滴进步和成长。他们在真实的教研场景中敢于参与、敢于质疑、敢于交流，透过教育现象不断反思和改进自身教育行为。研究、实践的过程就是一个学习、成长的过程，也是一个反思、重建的过程，更是一个重新审视、认识幼儿教育的过程。而教师在研究探索中的历练过程，也是区域教研文化得以发展的过程。区域教研"南海范式"的探索，改变了教师的思维与学习方式，提升了教师的反思意识与能力，增强了教师的自尊与自信，形成了开放、多元、合作、包容的教研氛围，实现了教师的专业自主发展，也促成了区域学前教育教学质量的提升。

在此衷心感谢南海区学前教育协会和南海区教育发展研究中心建构的区域教研"南海范式"，正是它打造的专业、专注的教研平台，为我们一线教师的专业成长指明了方向，提供了保障，创造了机会。同时，也特别感谢参与到区域教研中的所有一线教师，是他们的智慧和无私付出让区域教研形成了互助共进、开放民主的区域教研文化。再者，感谢为本书提供教学活动案例的幼儿园和幼儿教师，是他们对教学质量的执着和精益求精，为区域教研提供了无数值得研讨的案例，也让我们看到了南海区区域教研的未来。我们相信，在区域教研"南海范式"的引领下，南海区幼儿教师的专业能力将不断提升，区域学前教育质量将不断优化。

近年来，我们对《3～6岁儿童学习与发展指南》的解读不断深入，这也让我们对儿童及各领域教育活动组织的理解日益加深。随着认知的发展，本书数易其稿，每次修改我们都有新的思考和收获。囿于编者学识及能力，书中可能仍有错漏之处，恳请各位同行不吝指正。

郑晓微

2019年3月于佛山南海

2012—2014年，开展幼儿园班级区域环境创设实践探索